本書出版獲全國古籍整理出版規劃領導小組資助

銀雀山漢簡文字編

駢宇騫 編著

文物出版社

圖書在版編目（CIP）數據

銀雀山漢簡文字編 / 駢宇騫編. —北京：文物出版社，2001.7（2023.5 重印）
ISBN 978-7-5010-1265-7

Ⅰ.①銀… Ⅱ.①駢… Ⅲ.①銀雀山竹簡—匯編 Ⅳ.①K877.5

中國版本圖書館 CIP 數據核字（2001）第 25745 號

銀雀山漢簡文字編

編　　著：駢宇騫

封面設計：程星濤
責任印製：王　芳
責任編輯：蔡　敏　黄　曲

出版發行：文物出版社
社　　址：北京市東城區東直門内北小街 2 號樓
郵　　編：100007
網　　址：http：//www. wenwu. com
經　　銷：新華書店
印　　刷：河北鵬潤印刷有限公司
開　　本：787 毫米×1092 毫米　1/16
印　　張：34.25
版　　次：2001 年 7 月　第 1 版
印　　次：2023 年 5 月　第 2 次印刷
書　　號：ISBN 978-7-5010-1265-7
定　　價：230.00 圓

目録

前言

一

一九七二年四月，山東省博物館和臨沂文物組在山東省臨沂銀雀山發掘了兩座西漢墓葬（即一號漢墓和二號漢墓），墓葬中出土了大量的漢代文物，有竹簡、陶器、漆木器、銅器、錢幣及其他一些隨葬品。其中以竹簡數量最大，其內容多爲古代文化典籍，非常豐富，而且十分珍貴。特別是失傳了近二千年的《孫臏兵法》（即《漢書·藝文志》中所著録的《齊孫子》）的發現，更是引起了國內外學者的廣泛關注。這批竹簡的出土對研究我國古代哲學、軍事學、文獻學、文字學以及古代曆法、書法藝術等都提供了極其珍貴的第一手資料。

文物考古工作者根據兩墓出土的隨葬器物以及墓坑的形制等特點研究認爲，這是兩座西漢前期的墓葬。更重要的是在一號墓葬中出土了「三銖錢」和「半兩錢」，在二號墓葬中除出土了「半兩錢」外，還出土了漢武帝《元光元年曆譜》，這就更證明了這兩座墓葬當爲西漢前期的墓葬，其上限應在漢武帝元光元年（公元前一三四年），下限也不會晚於漢武帝元狩五年（公元前一一八年）。

這兩座漢墓出土的竹簡，經過整理和研究，已初步明確，一號漢墓出土的竹簡主要是古代文獻，出土編號計有四千九百四十二號（包括殘簡）。其内容可分爲至今仍有傳本的古籍和古佚書兩大類。其中現有傳本的古籍有四種：《孫子兵法》十三篇及四篇佚文，《晏子》十六章，《六韜》十四篇，《尉繚子》五篇。佚書類有五種：《孫臏兵法》（《齊孫子》）十六篇，《守法守令等十三篇》，論政論兵類五十篇，陰陽時令占候類十二篇，算書、相狗方、作醬法、定心固氣類十三篇。除上述内容外，還有不少難以辨别的殘簡。二號漢墓出土竹簡共三十二枚，其内容爲漢武帝《元光元年曆譜》，排列起來恰好爲該年的全年日曆。

這批竹簡出土於一九七二年四月，同年五月由山東運至北京，由國家文物局組織了文物保護科學技術研究所、故宫博物院、山東省博物館的同志進行了清洗、編號、照相等工作。一九七二年至一九七四年間，羅福頤等先生對這批竹簡進行了初步的整理和考釋。一九七四年，國家文物局專門成立了銀雀山漢墓竹簡整理小組，先後抽調了北京大學、中山大學、中華書局、故宫博物院、中國社會科學院、中國歷史博物館、山東省博物館等單位的專家學者進行了整理和研究，歷時數年，整理編輯成《銀雀山漢墓竹簡》一書，準備分三輯出版。

第一輯内容包括《孫子兵法》、《孫臏兵法》、《尉繚子》、《晏子》、《六韜》及《守法守令等十三篇》，已於一九八五年九月由文物出版社正式出版發行。第二輯爲《佚書叢殘》。第三輯包括全部散碎竹簡、篇題木牘及《元光元年曆譜》。由於種種原因，第二、三輯至今尚未出版發行。

關於簡帛的出土，在古代文獻中曾有不少記載，較著名的如《漢書·藝文志》中記載的西漢時期在曲阜孔子宅壁中發現的儒家經典；在《晉書·束皙傳》中記載的「太康二年，汲郡人不準發魏襄王墓（或言安釐王冢），得竹書數十車」。遺憾的是這些出土物早已蕩然無存。近代簡牘的發現，始於十九世紀末，清光緒二十五年（公元一八九九年）在新疆塔里木河地帶出土木簡一百多枚。此後直到一九四九年又曾發現過多批簡牘，出土地基本都在我國西北地區，時代均屬漢晉期間。一九四九年以後，隨着我國考古事業的廣泛開展，簡牘帛書的發現層出不窮，不少戰國、秦、漢簡帛又重見天日。特别是七十年代以來，簡帛的出土無論在數量上還是在質量上都遠遠超過以往。至今見於報道而且重要的有：一九七二年四月發掘的山東省臨沂銀雀山一號、二號漢墓，共出土四千九百多枚竹簡（包括殘片），其内容爲《孫子兵法》、《孫臏兵法》、《六韜》、《晏子》、《尉繚子》、《元光元年曆譜》以及有關軍事、政治、陰陽雜占等古代文獻。一九七二年十一月，在甘肅省武威柏樹公社下五畦大隊旱灘坡發掘出東漢木簡九十二枚，簡文内容多爲古代醫書。一九七三年，在河北省定縣四十號漢墓中發掘出大批竹簡，其内容爲《論語》、《儒家者言》、《太公》、《文子》、《六安王朝五鳳二年正月起居記》、《日書》等古代典籍。一九七三年底至一九七四年初，在湖南省長沙馬王堆三號漢墓中發掘出竹木簡六百餘枚，帛書四十五種，内容極爲豐富，其中有《周易》、《喪服圖》、《春秋事語》、《戰國縱横家書》、《老子》、《九主》、《刑德》、《陰陽五行》、《五星占》、《天文氣象雜占》、《相馬經》、《五十二病方》、《胎産方》、《養生方》、《雜療方》、《雜禁方》、《天下至道談》、《導引圖》、《駐軍圖》、《地形圖》等三十多種古代各類文獻。一九七二至一九七四年間，在甘肅省酒泉肩水金關、甲渠候官（破城子）等處發掘出木簡近二萬枚之多，其中記年簡的上限始於西漢昭帝始元時期，下限至西晉武帝太康四年。簡牘内容可分爲文書類、册簡類、曆書類等三種。一九七五年在湖北省雲夢睡虎地十一號墓葬中發掘出一千一百五十多枚秦代竹簡，其内容爲《秦律十八種》、《編年記》、《語書》、《效律》、《秦律雜抄》、《法律問答》、《封診式》、《爲吏之道》等八種秦代法律文書和兩種《日書》。一九七七年八月，在甘肅省酒泉玉門花海漢代烽燧遺址中出土了九十三枚木簡，其内容爲漢武帝遺詔和《蒼頡篇》等文書。一九七七年，在安徽省阜陽雙古堆一號漢墓中出土了大批木簡，其内容爲《詩經》、《蒼頡篇》、《周易》、《大事記》、《雜方》、《作務員程》、《日書》等十幾種古代文獻。一九七九年，在青海省大通上孫家寨一一五號漢墓中出土了四百餘枚殘簡，其内容是有關部曲、操典、軍隊標誌、軍功爵賞賜制度和行殺、處罰等軍事文書。一九七九年，在四川省青川戰國秦墓中出土了秦王頒布的《更修田律》木牘。一九八一年至一九八九年間，在湖北江陵九店發掘了東周墓葬五百九十六座，其中五十六號、六十三號兩墓出土了大量的戰國楚簡，其内容爲選擇時日吉凶一類的《日書》，這是我國目前發現最早的數術著作。一九八三年，在湖北省江陵張家山三座漢墓中共出土一千餘枚竹簡，其内容爲《漢律》、《奏讞書》、《蓋廬》、《脈書》、《引書》、《算數書》、《日書》、《曆譜》等古代文獻。一九八六年，在甘肅省天水北道區放馬灘秦墓中出土了四百八十餘枚竹簡，内容是兩部比較完整的《日書》。一九八六年至一九八七年間，湖北荆沙鐵路考古隊在湖北荆門市王場村包山二號戰國楚墓中發掘出有文字的竹簡二百七十八枚，其内容爲卜筮祭禱記録、司法文書、遣策等。一九八七年間，在湖南省慈利石板村出土了不少價值很高的戰國文獻簡牘，該墓共出土殘簡四千五百餘片，文字内容爲記事性的古佚書，以記吳國、越國兩國史事爲主，如黄池之盟、吴越争霸等。一九八九年冬，在湖北雲夢龍崗六號秦墓中出土了三百八十三枚秦代竹簡，内容屬於秦代法律文書，這是繼一九七五年雲夢睡虎地秦簡之後的又一次重要考古發現。一九九二年，甘肅省文物考古研究所在敦煌懸泉置遺址中掘得漢代簡牘共二萬餘枚，内容有詔書、律令、科品、檄記、曆譜、術數、藥方、相馬經、典籍字書等。一九九三年，江蘇省連雲港市博物館在東海縣尹灣六座漢墓中發掘出木牘二十四枚、竹簡一百三十三枚，其内容包括郡級行政文書、名謁、賦、衣服疏、起居記等。其中漢代郡一級簿籍爲首次發現。同年三月，湖北省荆州地區博物館在江陵王家臺十五號秦墓中發掘出秦代竹簡八百餘枚，其内容爲《效律》、《日書》以及一部過去從未見過的《易占》。一九九三年冬，湖北省荆門市博物館在荆門市郭店一號楚墓中發掘出七百三十枚完整的有字竹簡，其内容有道家《老子》甲、乙、丙三種抄本，是迄今所見年代最早的《老子》傳本；有道家佚文《太一生水》；儒家著作有《緇衣》、《五行》、《魯穆公問子思》、《窮達以時》、《性自命出》、《成之聞之》、《尊德義》、《六德》、《唐虞之道》、《忠信之道》和《語叢》等。一九九四年初，上海博物館從香港文物市場購得一批罕見的不明出土時間和地點的戰國楚簡，其内容有儒家、道家、兵家、雜家等八十多種（部）戰國古籍，其中多數古籍爲佚書。保留在竹簡上的古籍篇名主要有《易經》、《詩論》、《緇衣》、《子羔》、《孔子閑居》、《彭祖》、《樂禮》、《曾子》、《武王踐阼》、《賦》、《子路》、《恒先》、《曹沫之陳》、《四帝二王》、《曾子立笑》、《顏淵》、《樂書》等，其中《易經》是迄今所見最古老的一種抄本。一九九六年，湖南省長沙市文物工作隊在長沙市五一廣場東側發掘出十餘萬枚三國孫吴紀年簡牘，據報道，其内容可分爲券書類、官府文書和司法文書類、户籍類、名刺類、賬簿類等五大類。一九九九年，湖南省文物考古所在湖南省沅陵縣虎溪山一號漢墓發掘出一千餘枚西漢竹簡，其内容可分爲黄籍（中國早期户口、田畝、賦税登記册）、美食方、刑德等類，其中以黄籍和美食方最爲重要。除上述之外，截至目前爲止，還有一些雖已出土但尚未公布或發表的重要簡牘。這些已出土的簡牘大多數得到了有關部門的妥善保管和研究。

二

銀雀山漢墓竹簡文字爲漢代文人的手抄墨迹，這些文字字體在書法風格上有着明顯的不同。有的結體方整，重心平穩，規整秀麗，筆法古雅；有的草率急就，自由奔放，波磔顯著，形意翩翩。從字體結構來看，這些墨迹多數爲規整的漢代隸書，有些仍存在着明顯的篆意，還有一部分是較草率的隸書（草隸）。由此可知，這些珍貴的墨迹並非抄於一時，也非出自一人之手。它基本上較系統地反映了秦漢之際漢字演變和發展的一些面貌。

關於隸書的産生，過去曾有幾種不同的説法。許慎在其《説文解字》序中講到：「秦始皇帝初兼天下，……燒滅經書，滌除舊典，大發吏卒，興役戍，官獄職務繁，初有隸書，以趣約易，而古文由此絶矣。」他認爲隸書的産生是出於秦時官吏處理法律刑獄等事務的需要，因其涉及徒隸之事，故有隸書之名。同時他還認爲秦書有八體，即大篆、小篆、刻符、蟲書、摹印、署書、殳書、隸書，除隸書之外還有幾種字體同時存在。班固在《漢書·藝文志》中也稱秦時「始建隸書」。其後晉代衛恒在《四體書勢》中説：「秦既用篆，奏書繁多，篆字難成，即令隸人佐書，曰隸字。」此外，從漢代以來還廣泛流傳着秦人程邈創造隸書的説法，唐張彦遠《書法要録》卷七《書斷》云：程邈始爲縣獄吏，得罪始皇，幽繫雲陽獄中，苦思十年，變大小篆方圓而爲隸書三千字奏之，始皇稱善，用爲御史。關於程邈創造隸書的説法是决不可信的，因爲任何文字的産生都是人們在集體生産勞動和生活實踐中創造出來的，絶非一人所能獨創。李學勤先生在《秦簡的古文字學考察》中曾據湖北雲夢出土的秦簡《編年記》推算，十一號墓主喜卒於始皇三十年，上距秦盡併六國不過四年，看來這批竹簡可能都早於「程邈作隸」。由此可見，程邈「作隸」最多是對當時已存在的隸書作了一番整理，使之進一步得到推廣而已。目前多數學者認爲隸書的産生應上溯到戰國晚年。裘錫圭先生在《從馬王堆一號漢墓遣册談關於古隸的一些問題》中認爲：從考古發現的秦系文字資料來看，「隸書是在戰國時代秦國文字的簡率寫法的基礎上形成的」，他在《古文字學概要》中還認爲，「秦代既使用屬於古文字的篆文，也使用隸書，實際上是兼跨兩個階段的。秦代使用的隸書尚未完全成熟，可以稱爲早期隸書，這種隸書在戰國晚期就已經在秦國形成，到西漢早期還在使用。如果把戰國晚期到西漢早期劃爲古文字和隸楷兩個階段之間的過渡階段，也許更符合漢字字體發展的實際情況」。他認爲，到漢武帝時期，「可以看作是隸書由不成熟發展到成熟的時期」。李學勤先生在《秦簡的古文字學考察》中認爲「秦代大量通行的字體必然像秦簡那樣的隸書」。從出土的戰國秦系金文和秦漢簡帛文字資料來看，完全可以證實兩位先生的論斷。隸書的産生確實淵源久遠，戰國時期政治、經濟、文化迅速發展，文字的應用日益擴大，人們爲了便捷，不斷改變大篆、小篆的形體和筆勢，字體筆畫逐漸趨向省減和平直。在秦漢時期，雖然有些隸書還保存有篆意，但多數字體已經形成了較成熟的隸書。由前一種書體轉變爲後一種書體，必然會有一個過渡階段，而新的字體總會孕育在舊的字體之内。處在秦漢這樣一個書體大變革的時期，必然會出現新舊形體混合使用的情況，這也在情理之中。隸書的出現是漢字由繁變簡的一大發展，它解散了篆體，使文字完全改變了圖畫的性質，成爲便於書寫的符號，從此文字也就走向了大衆化的方嚮，在社會生活中發揮着重大作用。

此外，在銀雀山漢墓竹簡文字中還有一部分是飄逸多姿、形意翩翩的草隸，這是研究漢字形體發展和書法藝術的珍貴資料。過去關於草書的起源也一直是個有争議的問題，比較有影響的是「起於秦朝説」和「起於漢朝説」。如趙壹《非草書》云：「蓋秦之末，刑峻罔密，官書煩冗，戰攻並作，軍書交馳，羽檄紛飛，故爲隸草，趨急速耳。」許慎在《説文解字》序中説：「漢興有草書。」衛恒《四體書勢》云：「漢興而有草書，不知作者姓名。」裘錫圭先生在《古代文史研究新探·從馬王堆一號漢墓遣册談關於古隸的一些問題》中認爲：「草書正式形成爲一種字體，大概在西漢中期偏後。張懷瓘《書斷》上『章草』條引王愔云：『漢元帝時史游作急就章，解散隸體麤書之，漢俗簡墮，漸以行之。』把章草跟史游作急就章聯繫在一起是没有道理的，但是史游的時代倒很可能跟草書形成的時期相去不遠。」從銀雀山漢墓竹簡文字資料來看，草率的隸書已經普遍使用，因此，廣義的草書當起於秦代或更早一些。人們在使用任何一種書體時都有簡便易寫的要求，因此就會出現省减筆畫和潦草的寫法，在秦漢隸書開始發展的時期，草率的隸書也必然會隨之出現。隸書形成以後，這些草率的寫法作爲隸書的俗體繼續使用，同時又逐漸出現一些新的草率寫法，草書就是在這些新舊草率寫法的基礎上逐步形成的。南宋張栻曾經説過：「草書不必近代有之，必至筆札以來便有之，但寫的不謹，便成草書。」我們認爲此説基本符合實際情况，因爲「草書」這個命題本身就是一個比較廣泛的概念，從廣義上講，一切草率的、簡捷的書體都可以稱作草書。一旦文字産生，便會有草書的出現，如早在記録帝王公卿大事的商代甲骨文、周代的金文里就有簡筆和潦草的字迹存在。所以，在篆書使用時期必定會有草篆，在隸書使用時期必定會有草隸，楷書使用時期必定會有行草。銀雀山漢簡上的「草書」基本上是隸書的潦草速寫，它的書體仍是隸書的結構，所以我們稱之爲隸書時代的「草隸」是比較符合實際的。

銀雀山漢墓竹簡上的文字書體，基本上反映了秦漢之際文字及書體演變和發展的面貌，是我們研究漢字發展史和書法史的寶貴資料。過去，無論是研究文字學的還是研究書法史的都因缺乏漢字由篆到隸的重大變革的真實材料而被困擾，七十年代以後，由於秦漢簡帛的大量出土，填補了過去缺乏真實秦漢墨迹的空白，爲解決漢字發展史上長期未能解決的問題提供了極其珍貴的實物資料。此外在這些竹簡文字中還出現了大量的通假字、俗體字以及押韻語等，這對我們研究古文字、古漢語、古音韻等都有很高的參考價值。

三

銀雀山漢墓竹簡所包含的内容極其豐富，自出土以來不少國内外學者已經進行了諸多學科的研究，並取得了一定成果，但仍有很多課題尚待研究。隨着材料的不斷公布，諸如對秦漢哲學、兵法、曆法、數術、文字、文獻、音韻以及簡牘制度、書法藝術等方面都會進一步開展新的研究。

筆者當年曾有幸參加了銀雀山漢墓竹簡的整理工作，二十多年來，這些珍貴的簡牘文獻深深地吸引着自己。我曾爲自己擬定了幾個有關銀雀山漢簡的研究題目，《銀雀山漢簡文字編》即是其中之一。以前關於這一歷史時期的文字資料只有少數的金文、石刻等，用毛筆書寫的文字完全没有見過。七十年代以來，秦漢簡帛不斷發現，因此編撰簡帛文字編的工作就更顯得有必要。尤其是漢字發展到秦漢時期是個十分重要的轉折點，編撰文字編又是古文字學的基礎工作，所以將這一批珍貴的文字資料編成文字編提供給廣大讀者，我以爲其意義就更大了。

該選題本應在銀雀山漢墓竹簡全部發表以後再做，但遺憾的是這批竹簡出土至今，二十多年過去了，《銀雀山漢墓竹簡》只出版了第一輯，第二輯、第三輯尚未出版。好在《銀雀山漢墓竹簡》第一輯已將其主要内容及較完整的竹簡發表，所出現的文字也基本上反映了這批竹簡文字的主要面貌，於是決定提前「施工」，從一九九二年開始，便利用工作之餘斷斷續續地開始了該書的編撰工作。前後歷時三年，其間甘苦出我意外。至於《銀雀山漢墓竹簡》第二輯、第三輯的材料，只好待其正式出版後再對本書進行增補和修訂。

在該書出版之際，我要特別感謝中國工程院院士傅熹年先生及趙東、李聰慧、郝淑慧三位女士，本書所以能順利完成，與他們的大力支持是分不開的。在我剛開始準備編纂此書時就得到了傅先生的鼓勵和支持，並欣然應允無條件使用先生的簡文摹本。趙東同志不憚繁勞，幫我分剪字頭，並編製了本書的四角號碼字頭索引；李聰慧同志幫我粘貼了部分初稿，並編製了筆畫字頭索引；

郝淑慧同志幫助我收集和摘抄了通假字及例句，並復印了大量的參考資料等。如果没有她們的幫助，恐怕今天還難以將該書奉獻給廣大的讀者。文物出版社的段書安先生和蔡敏先生、中國社會科學院的趙超先生爲本書的出版付出了大量的心血，在此謹向他們表示由衷的感謝。

作者限於學識，書中未安之處定當不少，懇請讀者多多賜教。

駢宇騫

二〇〇一年勞動節

凡例

一、本編所收簡文文字均録自文物出版社一九八五年出版的《銀雀山漢墓竹簡》一書，分單字、殘字、合文、待識字四部分編排。凡原簡文字形體完整或形體少殘而有文字比勘能確認者一律收録，凡形體殘缺一半以上者一律不收。

二、因原簡照片字迹印刷效果不佳，故採用原書所附傅熹年先生的摹本。爲讀者使用方便，我們將原字放大一點六倍。

三、本編正文所收單字一千三百六十八字，重文一萬一千九百零八字。分别部居略依《説文解字》，分十四卷編排。每字書眉首列《説文》篆文，如簡文與《説文》篆文形體不同而與《説文》古文、籀文、異體相同者，則書眉字用《説文》古文、籀文、異體，其次爲隸定釋文及簡文。凡《説文》所無之字而形聲可識者，均附於《説文》各部之末，並注明「《説文》所無」字樣，書眉用楷釋隸定。

四、本編所録簡文文字均據《銀雀山漢墓竹簡》一書注明原簡簡號。凡録自原簡之篇題木牘者，均注明「題」字，以示區别。

五、本編所録簡文文字如用作通假字者，一律附於該字正字之後另行編排，並據《銀雀山漢墓竹簡》一書釋文注明簡號、例句、書名、篇名。例句中通假字用「～」號代替。同時還注明該通假字在《銀雀山漢墓竹簡》一書中共幾見，以供研究者參考。

六、爲省篇幅，通假字下所引例句之原書書名均用簡稱：《孫子兵法》簡稱《孫》，《孫臏兵法》簡稱《臏》，《尉繚子》簡稱《尉》，《晏子》簡稱《晏》，《六韜》簡稱《韜》，《守法守令等十三篇》簡稱《守》。

七、本編所録簡文文字如爲某字之異體、古體、省體等，均隨正字之後另行列出，並注明「某爲某之異體」、「某爲某之古體」、「某爲某之省體」等。

八、本編附録「殘字類」爲該字可依文字、文獻等資料比勘確認爲某字者，但因簡文形體較殘，又多爲孤字，故另録出。附録之「待識字」類爲形聲之未識者、偏旁難以隸定者或考釋猶待商榷者。凡待識之字下均録該字詞例，以便覆按研究。詞例中之待識字用「★」代替，詞例中之「□」代表原簡中之殘缺文字。

九、爲讀者檢閲方便，書後附有筆畫及四角號碼兩種檢字索引。

一

銀雀山漢簡文字編

卷一

駢宇騫　編著

一

1  34  44  128 135

177 264 267 328  333

339 340 341  341 341

342 403  432  467  468

510 518  519 625 626

629  641  672 726  772

943	932	896	812	804	799	785	774
943	933	900	821	808	800	793	774
947	933	900	837	808	801	794	774
953	943	905	837	808	801	795	775
953	943	926	858	808	802	795	775

954 955 955 974 978

983 988

天

2 2 39 48 94

94 94 94 94 106

175 175 177 183 183

184 250 250 252 253

269 317 330 337 347

347 347 347 347 349

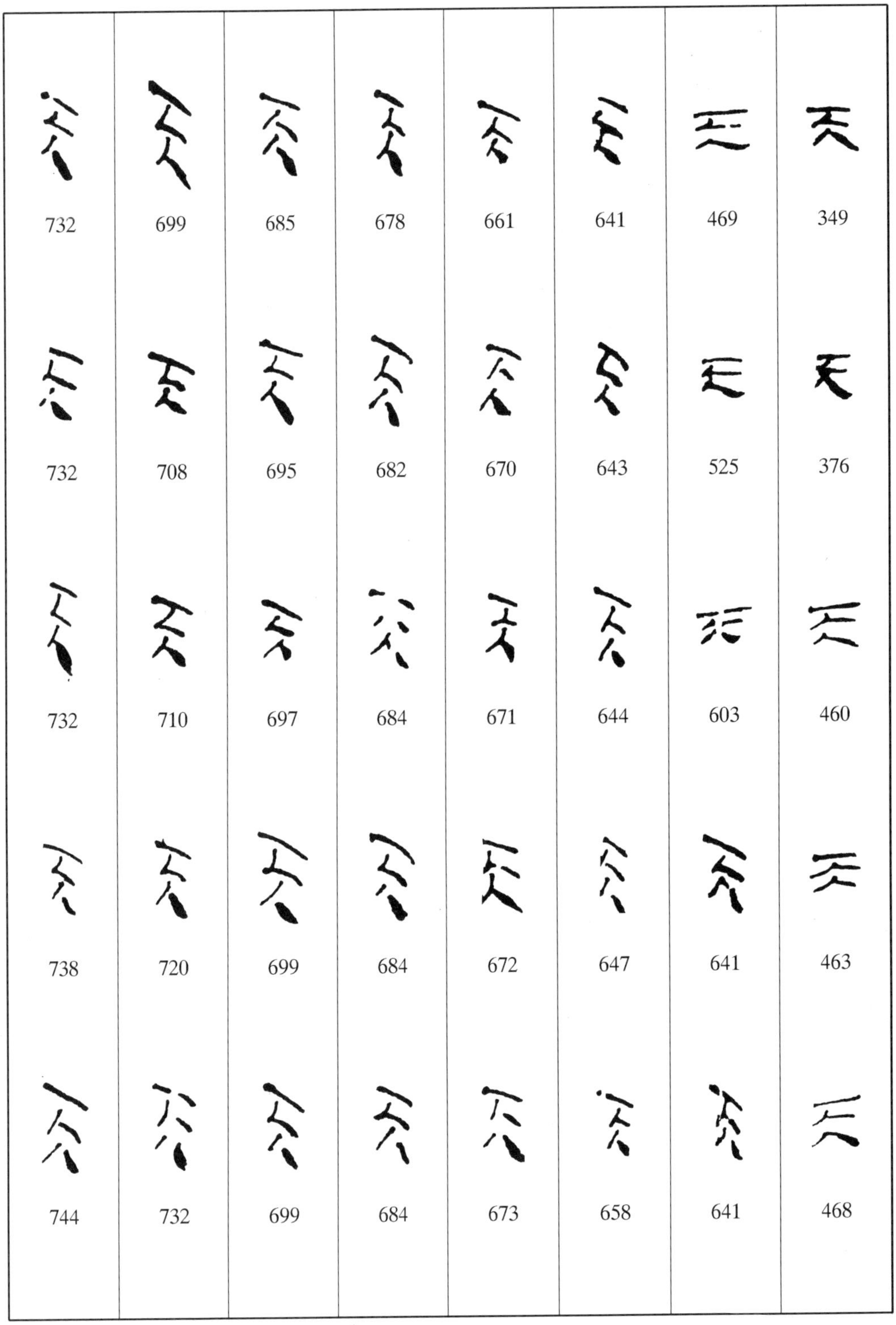

732	699	685	678	661	641	469	349
732	708	695	682	670	643	525	376
732	710	697	684	671	644	603	460
738	720	699	684	672	647	641	463
744	732	699	684	673	658	641	468

745
748
749
764
862
862
863
865
866
869
908
972
吏
214
555
782
801
806
844
845
846
867
873
879
879
879
880
895
947
975
976
978
978
978
978

上

845	766	697	582	569	531	221	2
912	801	699	624	569	532	273	39
915	806	727	640	570	552	298	71
915	807	748	688	570	560	337	131
930	807	765	688	574	561	376	138

			下		帝		
356	253	175	3	255	92	945	931
382	255	175	20	256	172	946	931
414	299	250	39	256	174	946	937
460	337	250	40	350	174	979	937
463	340	252	66	920	175	題	943

697	684	661	641	571	561	518	468
697	684	672	641	574	568	519	469
699	685	678	641	576	569	527	484
699	695	682	642	602	569	547	497
710	696	684	645	618	570	548	498

720
732 
732 
744 
745 

772
772 
776 
781 
782 

795
799 
801 
806 
806 

807
807 
809 
812 
812 

825
861 
862 
862 
862 

863
865 
866 
869 
870 

879
885 
931 
937 
937 

972
題

示 禮 祿 福

示

238

239

245

675

703

819

819

898

927

928

936

禮

257

526

623

908

913

556

559

禮通理　安和之～存焉　556　《晏·六》

《晏》二見，凡二見。

禄

533

565

639

639

255

禄通鹿　黄帝戰涿～　255　《臏·見威王》

《臏》一見，凡一見。

福

457

562

565

禁	禍	社	禦	祝	祭		神
257	550	248	127	561	607	545	67
293	913	593		563	607	546	67
574		594		565	608	606	255
575		594				681	482
576		744					544

禝

614

635

791

853

898

899

912

914

248

593

594

594

《説文》所無

禝通稷　所以削地而危社~也　248　《臏·見威王》

《臏》一見，《晏》三見，凡四見。

三

三

2

21

21

34

135

188

207

207

207

214

216

252

254

256

264

270

285

288

302

328

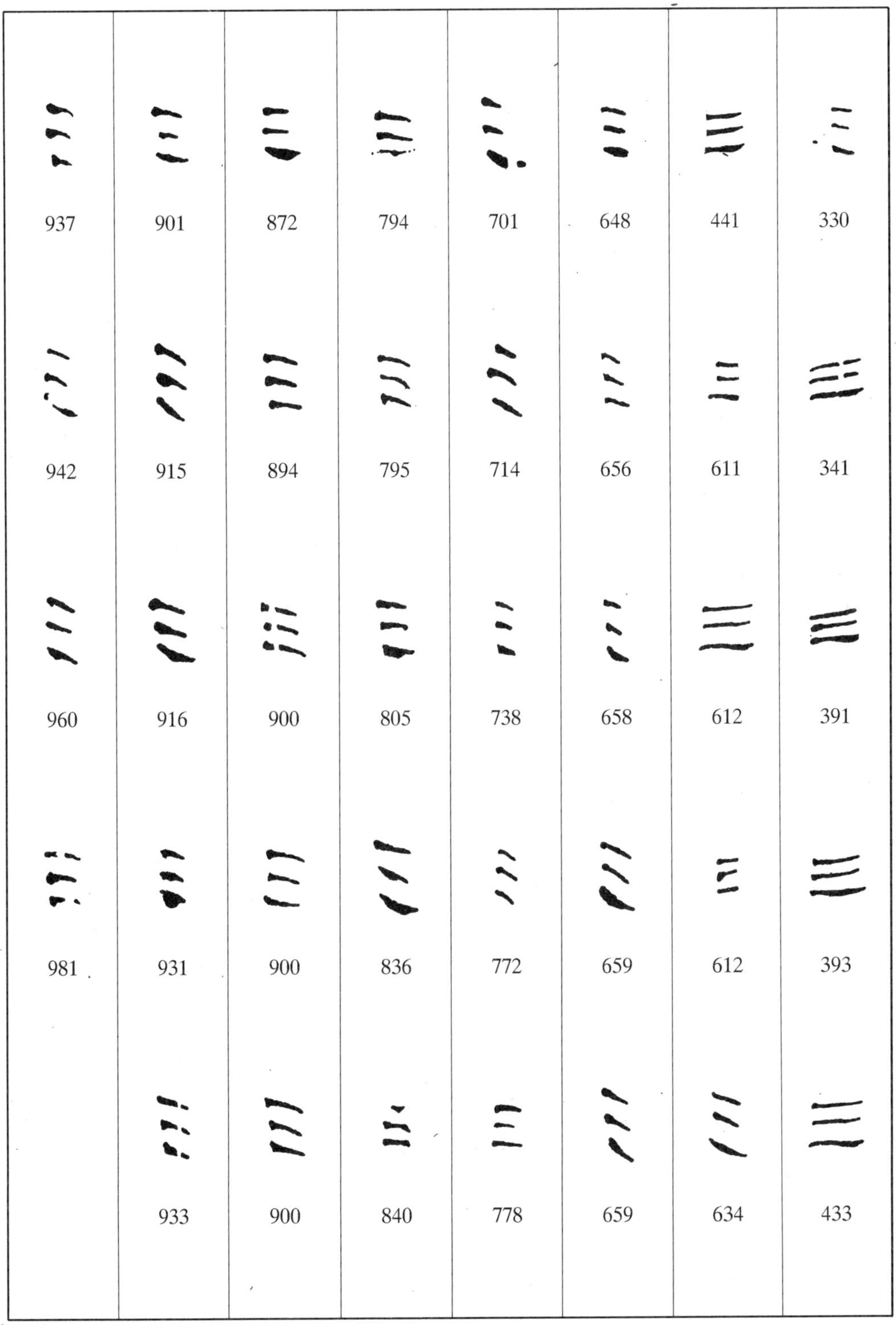
330
341
391
393
433
441
611
612
612
634
648
656
658
659
659
701
714
738
772
778
794
795
805
836
840
872
894
900
900
900
901
915
916
931
933
937
942
960
981

王

王

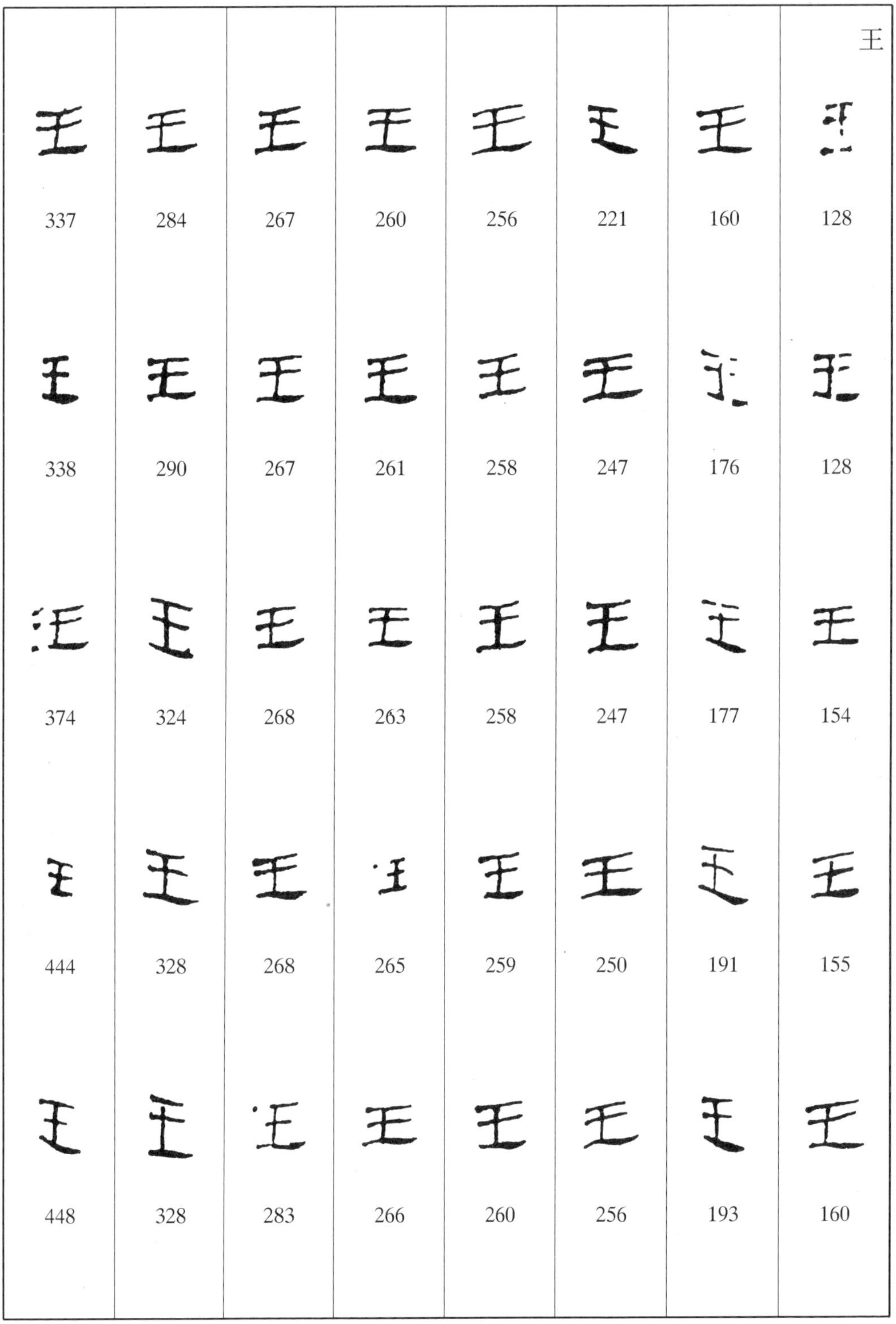
128
128
154
155
160
160
176
177
191
193
221
247
247
250
256
256
258
258
259
260
260
261
263
265
266
267
267
268
268
283
284
290
324
328
328
337
338
374
444
448

872	753	729	701	661	631	537	449
875	755	748	708	663	641	554	449
911	756	750	710	677	644	554	527
913	765	751	713	677	648	573	532
919	851	752	721	677	648	577	533

皇 王 環 理

皇

920

932

933

題

62

皇通況 ～遠者數十里 62 《孫·實虚》

《孫》一見，凡一見。

玉

554

環

49

49

241

242

242

243

554

環通琁 紂作爲～室玉門 554 《晏·五》

《晏》一見，凡一見。

978

環通還 卒獨北而～ 978 《守·十》

《守》一見，凡一見。

理

337

靈　琭　士

靈

807　812

靈通瓴　~甓之重皆五斗以上　807　《守·一》

《守》二見，凡二見。

壘

554　612

壘乃「靈」之省體　作爲頃宮~臺　554　《晏·五》

《晏》二見，凡二見。

琭

563

《説文》所無

琭通禄　神民俱順而山川入~　563　《晏·七》

《晏》一見，凡一見。

士

156　157　158　159　247

272　273　275　280　282

304　352　353　378　379

382　391　393　410　433

441　445　478　484　517

521

534

859

860

860

869

989

壯

590

592

614

壯通莊　晏子爲～公臣　590　《晏·十二》
《晏》三見，凡三見。

810

壯通墻　諸官府室屋～垣　810　《守·一》
《守》一見，凡一見。

中

90

117

155

158

198

210

222

250

252

294

297

307

361

362

366

369

370

371

476

484

532

575

575

770

771

775

778

779

810

819

819

830

832

875

875

876

881

904

908

914

930

937

937

938

944

951

617

中通仲　~尼之齊　617　《晏·十五》

《晏》二見，凡二見。

每

598

毒	莠	蘇	芋	苦	茅	蒲	葛
 374	 415	 153	 131	 868	 346	 870	 870
					 600	 905	葛通蕩　蒲葦平～　870　《守·四》
					 687	 955	《守》一見，凡一見。

艾

840

897

艾通刈　奪半歲之～　897　《守·六》

《守》二見，凡二見。

蒹

954

蒹通鐮　□□～纆得入焉　954　《守·九》

《守》一見，凡一見。

葉

796

797

797

799

葉通堞　外～高七尺　796　《守·一》

《守》五見，凡五見。

苷

243

苷爲「葉」之省體　挾～環涂夾擊其後　243　《臏·擒龐涓》

《臏》一見，凡一見。

芒

817

芒通荒　～治……　817　《守·二》

《守》一見，凡一見。

茲

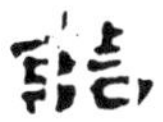
571

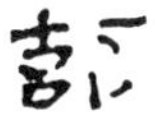
619

619

茲通滋　其士民蕃～而尚同　571　《晏·八》

《晏》三見，凡三見。

芮

809

芮通退　以視敵進～　809　《守·一》

《守》一見，凡一見。

茌

234

蒼

748

苗

252

253

254

苛

251

573

蔽

800

薄

176

416

582

615

619

葢

192

葢通闔　~廬曰　192　《孫·見吴王》

《孫》四見，凡四見。

苦

469

470

藩

346

416

若

117

166

167

223

256

256

292

364

460

559

573

583

594

628

629

200

599

若通諾　公曰～　599　《晏·十三》

《孫》一見，《晏》一見，凡二見。

蕢

868

蕢通匱　久而不～　868　《守·四》

《守》一見，凡一見。

芻

943

茭

405

416

折

411

508

莎

346

葦

870

955

荼

408

421

蓬

409

葆

146

149

327

348

377

葆通寶　人君之～也　146　《孫·用間》

《孫》二見，《臏》三見，凡五見。

818

葆通保　不能自～　818　《守·二》

《孫》一見，《守》一見，凡二見。

蕃

菜

654

656

菜乃「葆」之省體　菜通寶　三~有處　654

《韜·二》二見，凡二見。

蕃

624

蕃通播　~弓矢　624

《晏·十六》

《晏》一見，凡一見。

草

草

181

346

408

687

821

898

蓄

蓄

859

867

萅

萅

348

萅乃「春」之古體

旾

863

旾乃「萅」之省體

⿱艹忌

942

《說文》所無　叔（菽）~（萁）民得用之　942

《守·九》

莉

807

812

《說文》所無

莉通藜　蒺～ 807 《守一》

《守》二見，凡二見。

⿱艹欽

176

《說文》所無　至於～遂 176 《孫·黃帝伐赤帝》

⿱艹⿱緐泉

415

《說文》所無　禪祏～避所以蒡稾也 415 《臏·官一》

⿱艹⿱敏泉

619

621

《說文》所無　「⿱艹⿱敏泉」疑即《說文》「⿱艹⿱緐泉」字異體，借爲「繁」。

聲樂～充 619 《晏·十五》

《晏》二見，凡二見。

莫

147

148

214

258

362

673

692

748

817

852

863

863

351

809

莫乃「暮」之古文　旦～服之 351 《臏·勢備》

《臏》一見，《守》一見，凡二見。

文七十三

重六百八十六

銀雀山漢簡文字編

卷二

駢宇騫 編著

小

小

95 238 249 331 416

518 554 589 638 710

770 771 795 795 807

811 819 833 875 876

877 908 911 935 951

955

少

8 8 160 263 376

411 414 488 784 820

868 909 917 941 942

947

八

155 161 234 234 253

287 332 335 336 338

339 339 342 344 537

769 772 812 839 932

分

47　58　58　75　154

244　283　298　339　340

495　523　695　846　883

883　936　961

尚

514　571　601　633　634

641

598　599　605　605

尚通上　公不~焉　598

《晏·十三》

《晏》四見，凡四見。

詹

682

詹通幨　無渠~而守　682

《韜·五》

《韜》一見，凡一見。

公

156 159 159 160 256

256 373 528 528 532

532 533 533 534 535

539 541 542 542 546

546 548 549 550 552

556 560 561 568 568

580 590 592 598 598

598 599 601 601 602

894	762	750	699	663	627	617	602
942	765	751	701	670	630	623	603
946	817	752	710	670	648	624	604
947	826	757	724	671	648	624	605
	894	760	748	677	649	624	614

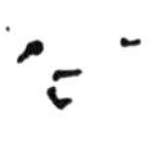

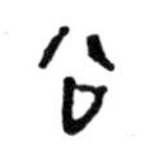

必

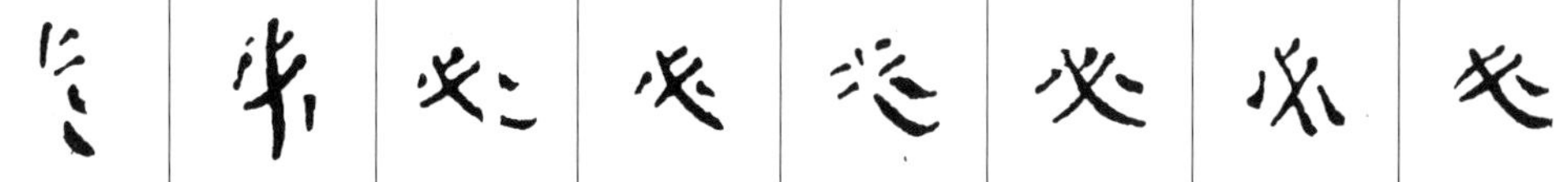

733	679	496	381	279	262	135	55

733	679	497	397	317	272	145	87

783	686	515	399	341	275	150	94

808	704	557	410	344	276	152	101

809	718	678	435	353	277	261	131

余

809
829
835
844
845
846
846
852
853
854
854
862
872
878
879
880
880
898
920
947
963
971
971
441
701
764
850
897
901
901
903
903
903
935

審
381
859
869
911
916
960

寀
555

寀乃「審」之別體

吏～從事 555《晏·五》

《晏》一見，凡一見。

悉
876

半
98
344
508
774
774
774
837
837
839
897
905
905
932
945

牛
946

牟	犖	犀	物		告		口
899	639	364	403	876	131	208	629
			672	880	201	394	686
			689		202	617	930
			689		207		930
			840		207		931

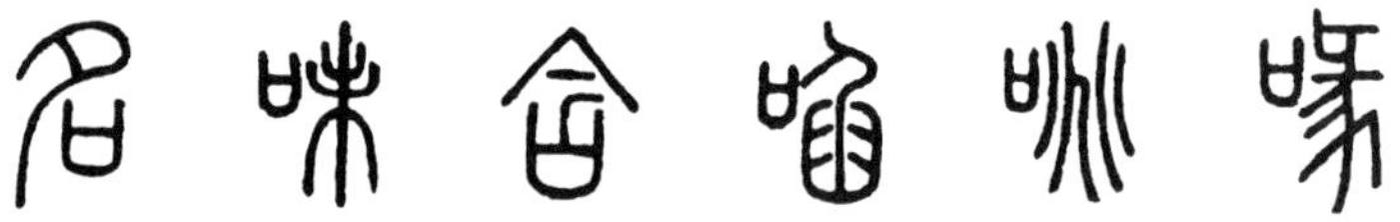

喙	咷	啗	含	味	名		
405	458	703	903	704	32	541	714
408	咷通窕　大而不~　458《尉·一》　《尉》一見，凡一見。				42	576	952
415					358	694	983
427					469	695	
					502	696	

吾

125	125	125	125	126
126	126	126	164	166
238	239	239	239	242
243	284	294	533	542
543	547	561	591	592
592	592	593	593	594
595	596	599	601	614
633	634	637	678	678

君

 688

 710

 710

 739

 146

 170

 191

 193

 200

 221

 234

 528

 555

 558

 562

 564

 568

 571

 579

 580

 581

 589

 592

 593

 594

 594

 594

 594

 596

 605

 606

 606

 607

 607

 612

 612

 615

 616

 621

召　命

626	648	657	命 56	262	召 207	677	371
627	648	688	139	263	240	757	911
628	651	749	213	337	243		
629	656		250	644	394		
639	657		261		543		

召通招

不異於弩之中～也　371　《臏·兵情》

《臏》一見，《守》一見，凡二見。

問

問

240	261	283	292	310	611	751	913
243	269	284	293	561	612	752	
258	270	284	300	568	648	912	
258	278	284	301	580	701	912	
260	280	292	306	585	750	912	

唯

337

369

374

790

165

167

351

352

498

549

840

唯通雖　軍～可擊　165　《孫・四變》

《孫》三見，《臏》三見，《尉》一見，《守》三見，凡十見。

和

98

164

325

366

367

549

557

558

558

661

669

674

917

台

487

台通胎　不殺夭～　487　《尉・一》

《尉》一見，凡一見。

右

93

176

177

184

186

咅

188

194

325

341

348

433

469

873

677

979

周

153

256

256

348

348

619

702

744

808

118

周通舟　當其同～而濟也　118　《孫・九地》　《孫》一見，凡一見。

404

周通州　制卒以～周　404　《臏・官一》　《臏》一見，凡一見。

898

周通雕　～文刻鏤　898　《守・七》　《守》一見，凡一見。

唐	各	否	哀	嚴		單	喪
 240	 696	 834	 618	 214	 986	 330	 463
 242	 716		 702	 272		 333	 504
 243				 279		單通戰　……人不～　330　《臏·月戰》　《臏》二見，凡二見。	
 244				 970			
 454				 970			

走

66　98　239　353　364

968

趨

53　70　280　282　681

趮

412

趣

195　292　365

越

117　123　317

971

越通鉞　陳斧～　971　《守·十》　《守》二見，凡二見。

起

11　135　212　251　467

趙

155　159　452

872

468　673　703　863　864

趄

971

《説文》所無

趄通距　兩敵之相～　971《守·十》

《守》一見，凡一見。

止

21　56　93　108　138

140　264　264　267　349

501　566　594　600　696

703　782　857

前

60　61　109　124　163

167　207　262　348　349

364　366　365　368　605

724　863　967　969

歸

81　155　160　176　262

323　459　488　593　627

640　643　717

252

歸通緜　摯歸～放之羽　252　《臏·見威王》

《臏》一見，凡一見。

登　步　歲

登	步					歲	
348	155	354	795	800	808	116	900
433	158	769	795	802	809	468	900
552	158	785	798	807	812	541	901
621	159	793	799	808	882	896	901
	159	795	800	808		897	901

901
902
931
933
933
933
933
937
941
942
942
946
947
947
948
949
950
952
978
此
51
80
91
163
167
169
170
213
213
247
257
270
275
292
293
293
294
338
350
357

359
362
371
374
376
450
451
508
537
572
626
692
700
784
860
877
885
899
916
916
928
960
982
正
34
44
49
130
264
273
279
365
366
369
372
406
558
569
628

662

696

728

868

110

正通整　敵衆以~將來　110　《孫·九地》　《孫》一見，凡一見。

446

524

527

557

568

692

695

正通政　~足以和其民　557　《晏·六》

《孫》一見，《臏》一見，《尉》二見，《晏》六見，《韜》四見，凡十四見。

558

879

正通征　可以興兵而~暴　558　《晏·六》　《晏》一見，《守》一見，凡二見。

是

47

48

70

72

75

76

107

114

132

151

184

184

239

239

242

245

248

259

294

327

330

373

434

496

546

546

555

593

599

623

687

700

717

858

869

875

900

901

901

907

158

159

159

252

是通氏　范中行~先亡　154　《孫・吳問》

《孫》六見，《臏》一見，凡七見。

鞮

840

鞮乃「韙」之別體　鞮通鞮　韋~之事　840　《守・三》

《守》一見，凡一見。

迹

 404

徒

 607

隨

 139

 687

 900

 962

適

 109

 191

 369

 846

 28

 28

 37

 51

 55

 56

 56

 58

 58

 58

 59

 59

 124

 260

 260

 261

 262

 263

 263

 264

266　269　275　275　276

325　326　338　340　340

353　359　365　366　371

372　389　414　495　799

800　801　809　858　864

865　961　964　967　971

適通敵　不明~國之制者不可伐　858　《守·四》

《孫》二十七見，《臏》二十九見，《尉》三見，《晏》一見，《守》二十一見，凡八十一見。

過

127　293　417　534　542

逆	遝	造			進		
3	127	736	809	353	56	808	565
344		806		534	97	809	628
405		812		550	98	885	804
415		836		579	352	947	804
427		863		733	352		804

迎

565

575

669

783

959

81

344

344

407

720

478

迎通仰　～者不得俛　478　《尉·一》

《尉》一見，凡一見。

遇

410

785

逢

408

268

339

逢通鋒　其陣无～　268　《臏·威王問》

《臏》二見，凡二見。

547

547

逢通豐　～上而銳□□□而下聲　547　《晏·四》

《晏》三見，凡三見。

通

253

515

681

696

徒

239

389

遁

844

遁通循 參～行之 844 《守·三》

《守》一見，凡一見。

還

409

選

340

送

362

369

遺

244

避

415

達

241

284

迴	連	遺	遂	追	近		邋
399	411	81	176	966	3	361	405
527	838	414	186		14	362	
	839	416	255		62	375	
	985	577	679		95	389	
			803		213		

邋通獵 吏將以～ 947 《守·九》

947

947

《守》二見，凡二見。

過

413

遠

3

56

62

95

164

213

276

362

375

408

640

651

651

704

766

794

799

821

864

865

道

1

1

2

4

195

213

216

247

260

261

819	671	372	354	337	325	283	267
821	680	499	358	337	326	284	270
821	702	528	358	343	334	317	277
822	731	587	362	349	335	318	278
825	808	622	371	354	336	322	279

 途 逳 

852 860 865 908 910

912 916 920

73

道通導　向~　73　《孫·軍爭》

《孫》一見，《晏》二見，凡三見。

邊

974

765 765 766

《說文》所無

475

《說文》所無　逳通楯　~亦勝　475　《尉·一》

《尉》一見，凡一見。

德

256 322 329 376 433

526 527 531 557 558

復

558

570

95

140

331

389

335

476

937

復通覆　如雲覆~人　476　《尉·一》

《臏》一見，《尉》一見，《守》一見，凡三見。

往

113

116

295

607

749

765

801

907

彼

128

微

297

微通邀　難其歸而~其衰　297　《臏·陳忌問壘》

《臏》一見，凡一見。

循

358

949

徹　徐　退　　後

徹	徐	退		⿺辶内	後		
133	163	97	579	495	12	163	307
259		407	590		53	167	331
		409	614		61	198	339
		410			91	242	341
		423			126	243	349
徹乃「微」之或體	徐通途　～之所不由者　163　《孫·四變》　《孫》一見，凡一見。			⿺辶内乃「退」之異體　～可以守固　456　《尉·一》　《尉》二見，凡二見。			

得

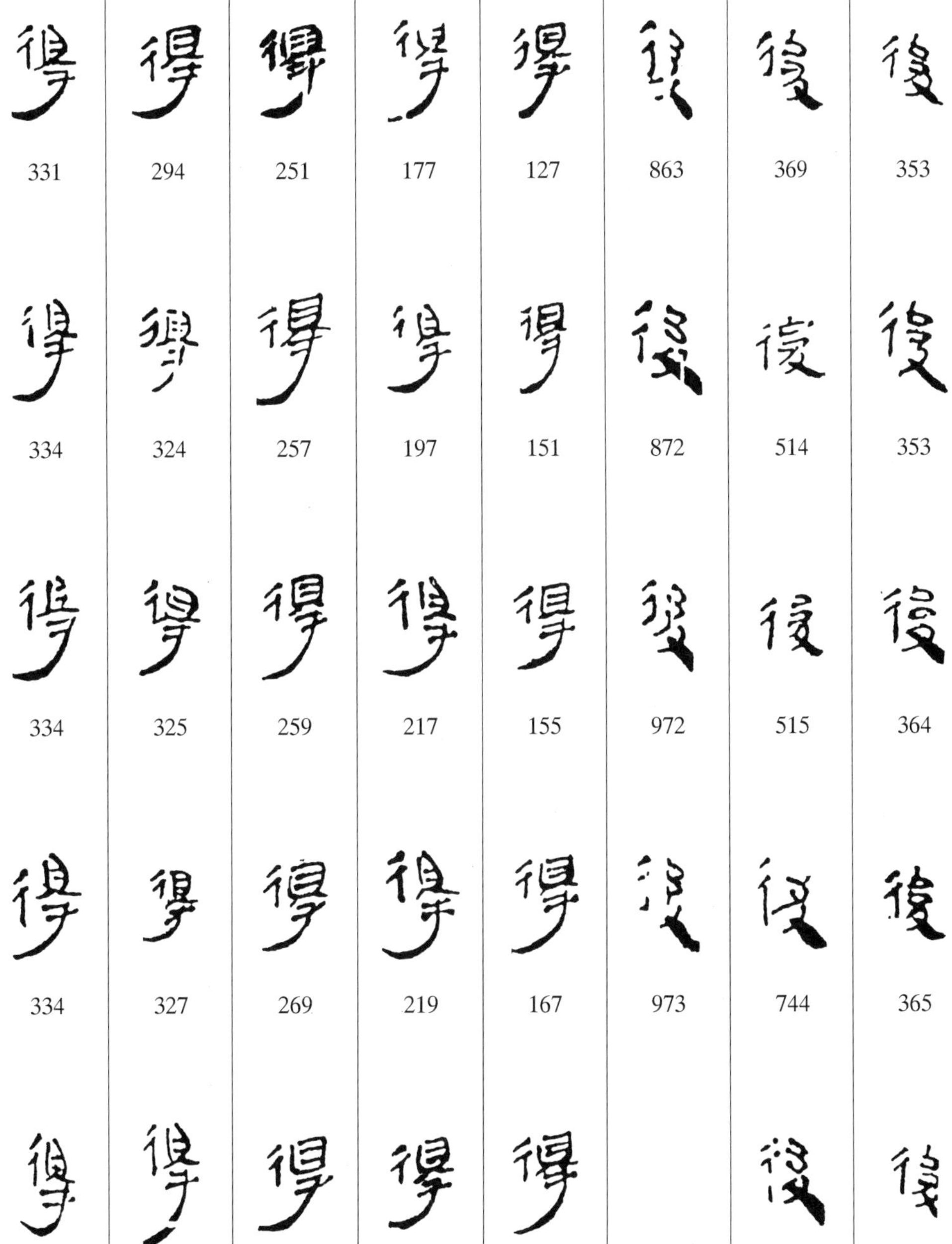

331	294	251	177	127	863	369	353
334	324	257	197	151	872	514	353
334	325	259	217	155	972	515	364
334	327	269	219	167	973	744	365
335	330	271	244	167		799	366

335
335
335
337
343
366
368
368
369
462
462
470
473
477
478
478
478
490
491
503
517
595
595
609
609
635
688
691
693
710
716
728
772
782
785
790
801
815
825
896

建

185

456

923

廷

463

476

868

596

《說文》所無　㣄通遂　~袒免　596　《晏·十二》　《晏》一見，凡一見。

869

御

160

201

325

433

433

953

955

971

981

907

912

942

944

952

899

903

904

904

905

延　行

延	行						
269	54	73	155	214	272	305	409
271	55	102	158	214	280	372	411
389	66	103	170	250	280	403	411
396	66	106	170	261	281	406	437
	67	109	207	264	281	406	458

541 564 568 570 574

580 582 583 584 586

589 596 614 619 621

680 698 720 724 734

782 790 794 799 844

860 861 865 865 868

871 873 908 912 965

971 972

術

176　177　243　244　343

343　525

衢

172　176　281　682

衛

153　435

衛通率　相覆以爲～　937　《守·九》

《孫》一見，《臏》一見，《守》一見，凡三見。

302

衛通帥　獲三～　302　《臏·陳忌問壘》

《臏》一見，凡一見。

衛

116　239　394　534

齒

349　474

齧

453

牙	足					跂	嗣
153	13	336	528	596	905	916	744
	39	336	533	626			
	164	336	557	626			
	166	373	557	799			
	199	374	596	900			

扁

216

題

扁通篇　十三~所明道言功也　216　《孫·附録》

《孫》一見,《守》篇題木牘二見,凡三見。

文一百二十三

重一千一百九十五

銀雀山漢簡文字編

卷三

駢宇騫　編著

器

324　438　652　648　808

810　811　834　836　838

840　846　846　867　868

934　952　952　959

商

686

笱

574　575

笱通苟　～所求於民　574　《晏·九》

《晏》二見，凡二見。

古

古

109

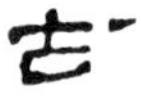
528

553

562

576

694

911

926

217

古通姑 ～試之 217

《孫·附録》

《孫》一見，凡一見。

853

古通固 ～所以外誅亂 853

《守·四》

《守》一見，凡一見。

955

古通罟 小溪谷～網不得入焉 955

《守·九》

《守》一見，凡一見。

十

十

15

59

62

71

81

155

161

162

267

272

332

332

332

332

333

335

342

434

464

510

518

521

522

624

625

627

769

769

774

774

793

795

795

799

800

802

804

805

807

809

837

837

837

838

839

839

860

860

885

901

903

903

931

931

931

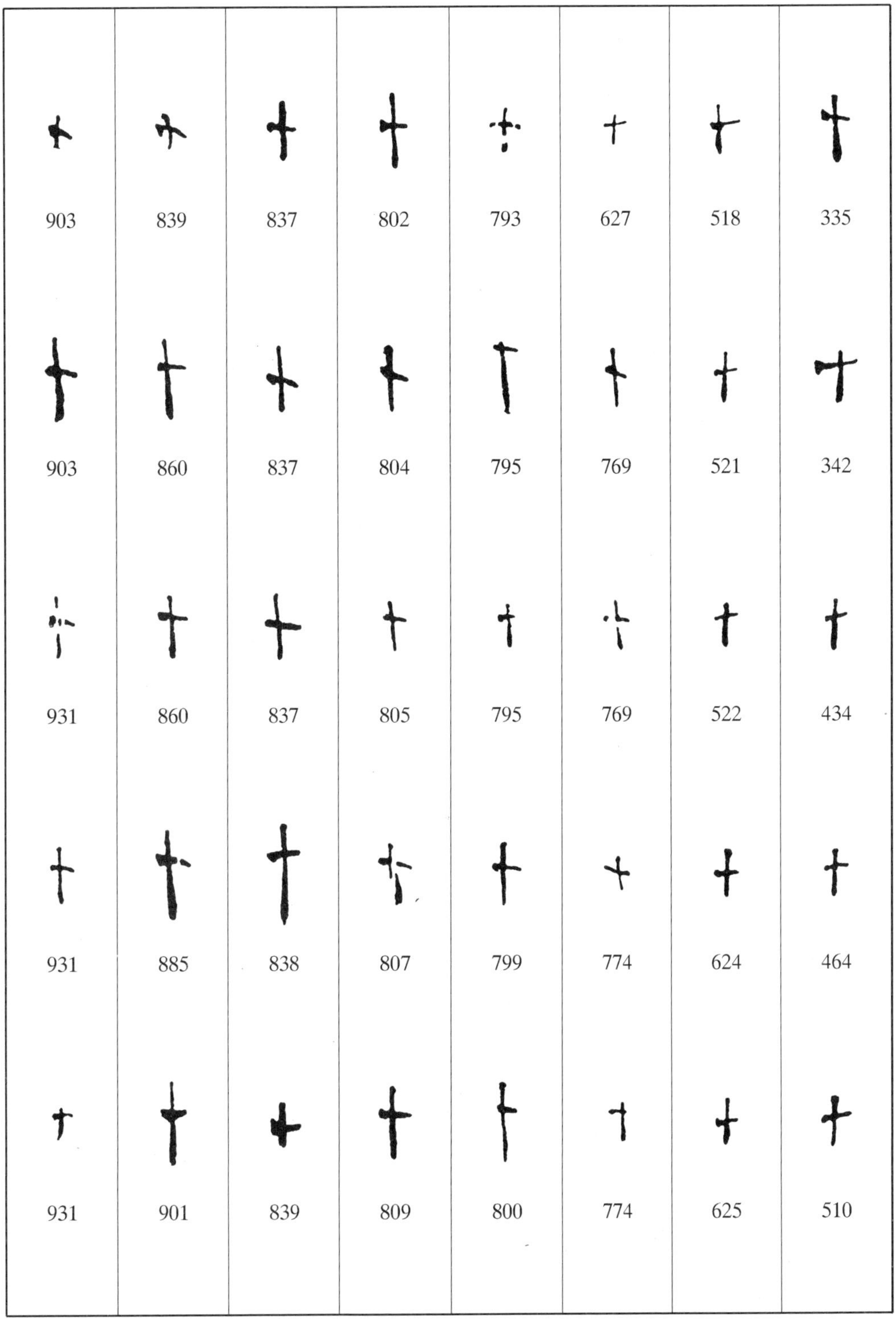

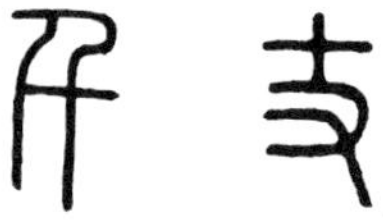

（千）

931　934　937　937　938

939　946　952　954　題

丈

509　542　543　783

千

9　36　54　142　434

467　470　510　519　522

576　779　780　780　781

782　783　832　926　938

968

廿		卌	卅	世		言	
159	808	159	329	247	749	100	301
800	932	806	805	619	899	216	307
805	937	812	945	620	900	268	317
808	937	903		621		298	534
808		《說文》所無　數字「四十」。也見《漢石經·論語》、《鄭固碑》馬王堆帛書等。		697		300	541

語　談　謂　請

		請	謂	談	語		
517	238	98	588	899	899	637	545
521	240	195	606			724	583
533	244	197				756	590
546	270	222				785	614
549	306	226				題	627

606

607

122

127

177

189

306

307

338

353

364

490

516

635

636

680

681

809

請通情　非譬不徵乎～而言不合乎行　583　《晏·十》

《孫》七見，《臏》五見，《尉》五見，《晏》一見，《韶》六見，凡二十四見。

謁

150

48

謁通竭　无～如河海　48　《孫·勢》

《孫》一見，凡一見。

81

謁通遏　歸師勿～　81　《孫·軍爭》

《孫》一見，凡一見。

許

533

讎

621

讎通壽　累～不能殫其教　621　《晏·十五》

《晏》一見，凡一見。

諸

26　105　116　121　449

484　579　603　624　626

628　773　810　819　834

840　881　898　920　943

988

誨

339　339

謀　論　議　詳　識

謀

98　109　274　275　412

651　677　677　678　679

704

論

583

議

483

503

議通義　凡挾~……　503　《尉·二》　《尉》一見，凡一見。

詳

81

詳通佯　~北勿從　81　《孫·軍爭》　《孫》一見，凡一見。

識

240　354　546

謹

95　126　609　830　893

信

70　163　214　268　284

322　323　328　328　329

353　651　659　986

122

信通伸　屈～之利　122　《孫·九地》

《孫》一見，凡一見。

誠

216　515

詔

644

課

845

試

194　217　517　705　863

900

說

155

532　533　533　535　617

說通悅　景公~之　617　《晏·十五》　《晏》六見，凡六見。

計

1　69　164　166　266

276　325　857　857　950

調

114　553

譽

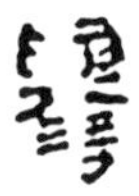

530

583

諍

278

338

譊

7

譊通撓　怒而～之　7　《孫·計》

《孫》一見，凡一見。

誹

412

誹通詐　隱匿謀～　412　《臏·官一》

《臏》一見，凡一見。

誣

582

讙

252

詐

274

275

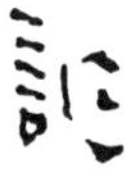

786

815

讓

262

詭　詘　誰　誅　譑　譫

詭

2

詘

22

122

詘通屈　～人之兵而非戰也　22　《孫·謀攻》

《孫》二見，凡二見。

250

詘通黜　～王命而弗行者七　250　《臏·見威王》

《臏》一見，凡一見。

誰

473

誅

131

223

524

545

726

852

853

譑

973

973

《說文》所無

先～者虛後～謂之實不～謂之閉　973　《守·一〇》

譫

621

《說文》所無

譫通贍　積財不能～其樂　621　《晏·十五》

《晏》一見，凡一見。

⿰言墨　⿰言必　⿰言烏　善

687

《說文》所無　衆口相惑⿰言必⿰言必～～恬惔隨意好道無極　687　《韜·五》

687

《說文》所無　衆口相惑～～⿰言墨⿰言墨恬惔隨意好道無極　687　《韜·五》

386

《說文》所無　……之～或死飲食　386　《臏·殺士》

善

 11

 22

 28

 28

 30

 30

 32

 32

 37

 39

 40

 42

 53

 109

 116

 160

 208

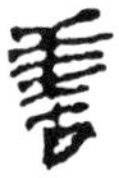 268

 301

 305

 328

 329

 364

 433

 433

439　464　464　531　541

560　611　623　625　626

627　628　629　739　798

818　834　972

競

235

競通境　帶甲八萬至……～ 235 《臏·擒龐涓》

《臏》一見，凡一見。

竞

389

竞乃「競」之省體

竞通境　臨～近敵 389 《臏·延氣》

《臏》一見，凡一見。

章

403　624　625　630　971

973

童　業　對　僕　奉

694

章通彰　故名聲～　694　《韜·六》

《韜》一見，凡一見。

697

章通障　～之則止　697　《韜·六》

《韜》一見，凡一見。

童

497

498

498

童通動　～静如身　496　《尉·二》

《尉》五見，凡五見。

業

721

936

對

195

677

僕

591

奉

10

417

527

623

奉通封　重其禮而留其～　623　《晏·十五》

《晏》一見，凡一見。

弇

628

戒

114　278　686　766

810　867　868

戒通械　家人室屋器～可以給守城者　810　《守·一》

《守》三見，凡三見。

兵

1　3　22　22　35

35　45　45　65　66

66　93　98　101　128

128　171　191　191　191

208　208　238　247　248

 356	 349	 324	 306	 285	 271	 258	 248
 358	 350	 329	 309	 285	 273	 262	 248
 362	 351	 336	 321	 296	 274	 262	 249
 364	 352	 336	 322	 297	 277	 268	 251
 370	 353	 336	 323	 300	 284	 269	 257

370
371
371
372
376
376
389
403
404
407
410
438
445
447
463
470
475
477
482
491
492
501
503
506
514
521
556
558
681
681
689
840
851
852
853
853
857
872
918
918

具

共

異

戴

959

960

962

962

965

965

967

972

具

298

523

561

599

604

840

872

880

903

903

共

17

251

255

800

873

共通恭　使百官~敬悉畏　873　《守·四》　《守》一見，凡一見。

異

371

576

戴

349

556

與					与		
2	117	348	590	900	681	782	与乃「與」之古文
2	191	497	614	968	681	785	
26	195	522	843		696	802	
58	236	546	845		703	931	
67	340	579	895		731	937	

與 興 要 革 餌

132 與通舉 是故政～…… 132 《孫·九地》 《孫》一見，凡一見。

611 611 與通歟 夫子之心三～ 611 《晏·十四》 《孫》一見，《晏》二見，凡三見。

興 153 153 140 439 556

558 597

要 67 515 題

80 要通邀 毋～癧癧之旗 80 《孫·軍爭》 《孫》一見，凡一見。

革 483 565

餌 638 639 703

爲

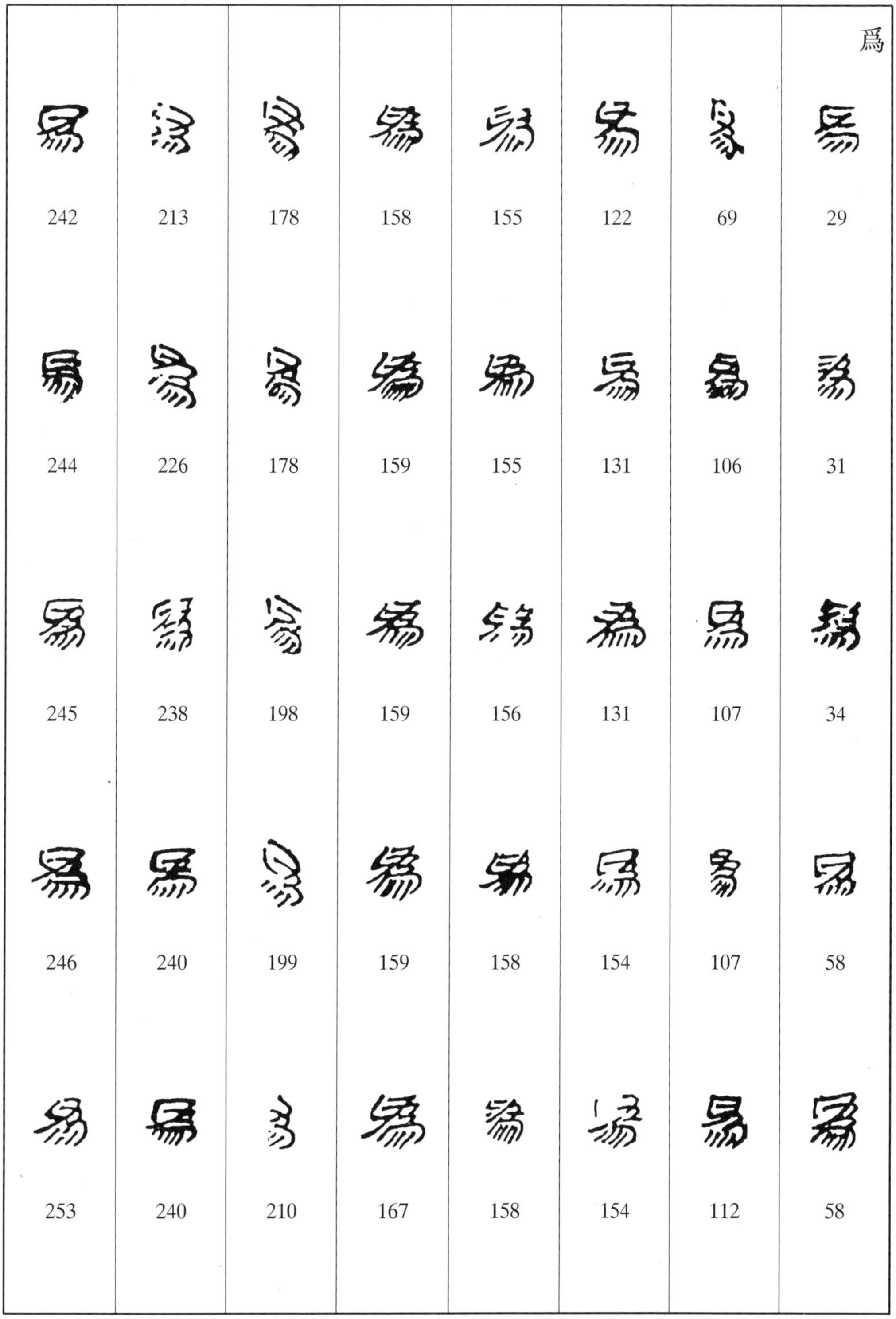

242	213	178	158	155	122	69	29
244	226	178	159	155	131	106	31
245	238	198	159	156	131	107	34
246	240	199	159	158	154	107	58
253	240	210	167	158	154	112	58

533	470	433	376	351	343	286	258
546	498	433	393	354	343	293	259
552	520	434	393	355	343	296	263
553	530	434	409	376	349	341	264
553	531	434	433	376	351	343	264

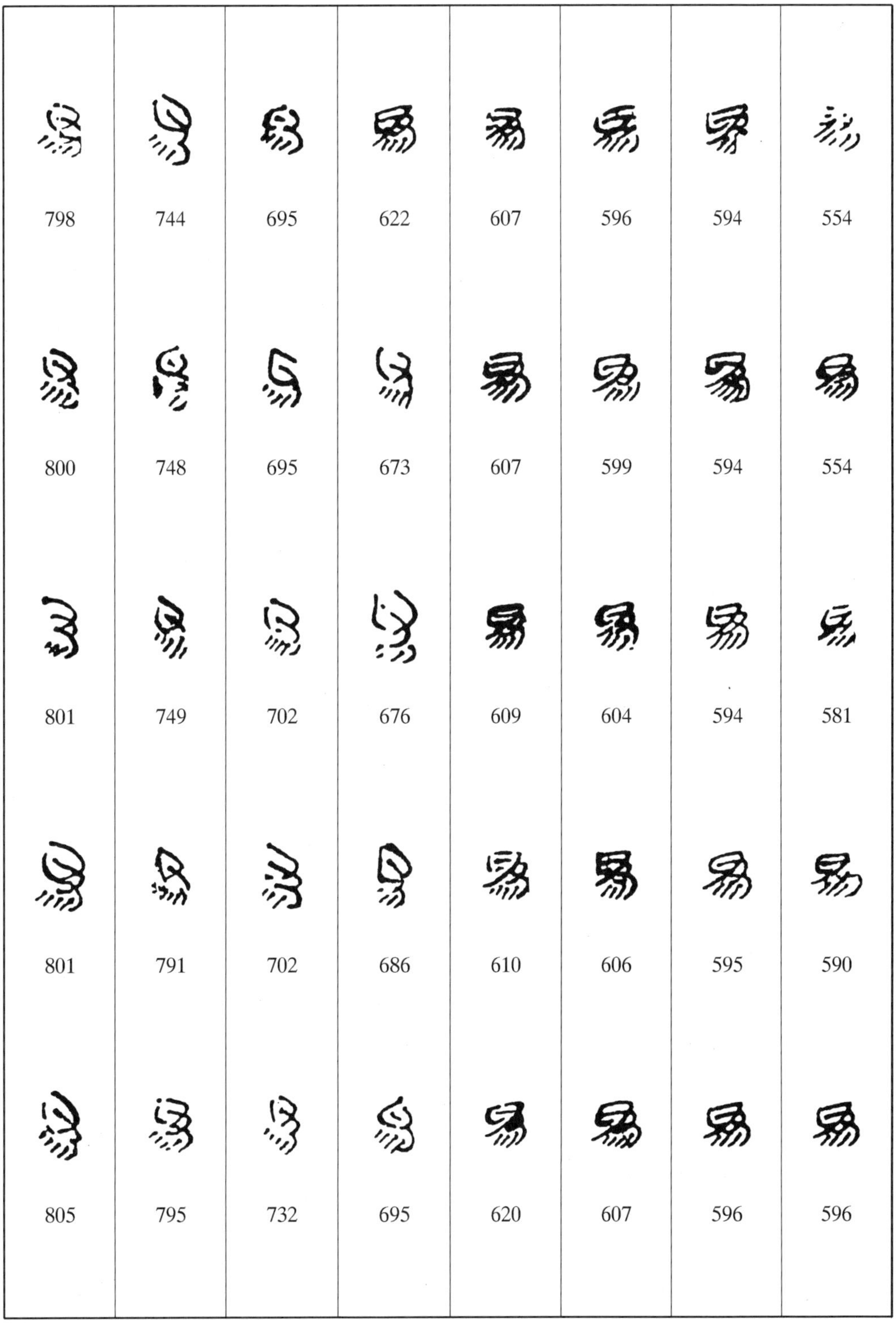

554	554	581	590	596
594	594	594	595	596
596	599	604	606	607
607	607	609	610	620
622	673	676	686	695
695	695	702	702	732
744	748	749	791	795
798	800	801	801	805

939	937	916	905	894	845	813	808

945	937	920	912	898	845	819	809

945	938	932	913	898	880	819	811

947	938	935	916	899	882	826	811

949	939	936	916	904	883	833	811

		埶			埶通勢　有奇～巧權於它　164　《孫·四變》《孫》七見，《臏》十一見，凡十八見。	孰	
950	960	47	247	349		5	552
951	974	50	268	350		154	594
951	983	51	274	354		154	686
952	984	66	274	354		154	732
952		164	322			240	749

172　173

孰通熟　～穀　172　《孫·黃帝伐赤帝》

《孫》二見，凡二見。

鬭

127　275　339　412　415

父

520　788　829　873　968　976

曼

582

曼通慢　～乎故　582　《晏·十》

《晏》一見，凡一見。

尹

546　547　549

及

109　166　199　256　397　516　553　555　583　749

 776

 781

 795

 799

 800

 801

 801

 807

 807

 810

 811

 811

 812

 834

 840

 840

 873

 898

 946

 948

 952

 971

 980

反

 145

 146

 146

 170

 172

 256

 451

 564

 673

 766

反通返　戒之毋～ 766 《韜·十四》

《孫》一見，《韜》一見，凡二見。

叔 取 段 友 度

叔

942

叔通菽 ～其民得用之 942 《守·九》

《守》一見，凡一見。

取

51 240 245 282 294

310 359 372 405 568

582 639 684 684 684

684 711 733 746 858

段

242 706 708

段通假 衆以～賢 706 《韜·七》

《臏》一見，《韜》六見，凡七見。

友

747 747 747

度

34 44 145 658 921

（續）	卑	史	事				
935	852	545	1	163	295	504	563
			132	239	349	524	575
			133	240	401	541	580
			134	240	471	544	600
			152	244	494	555	612

支

支通肢 ~節也 497 《尉·二》

《尉》二見，凡二見。

肄

肄通殔 親死不得~ 905 《守·七》

《守》一見，凡一見。

書	堅	臣					
76	258	156	221	532	626	724	913
	281	157	284	555	628	869	916
	415	159	436	579	648	872	988
	511	195	517	590	658	908	
	514	195	524	626	688	911	

臧 毄 段

臧

30

39

262

臧通藏 ～九地之下 30 《孫・形甲》

《孫》二見，《晏》一見，《守》一見，凡四見。

⿰爿臣

672

693

693

846

940

943

943

⿰爿臣乃「臧」之古體 通藏 器成必試乃～ 844 《守・三》

《韜》三見，《守》五見，凡八見。

毄

164

165

245

252

266

266

267

267

342

毄通擊 環途～破其後 242 《臏・擒龐涓》

《孫》一見，《臏》十見，凡十一見。

518

520

毄通繫 今夫～者 518 《尉・四》

《韜》一見，《尉》二見，凡三見。

段

48

段通碫 如以～……48 《孫・勢》

《孫》一見，凡一見。

役	殺			杀		寸	
98	87	347	594	639	987	772	839
	242	348		722	杀乃「殺」之古文	772	
	334	354		726		804	
	335	378		914		839	
	344	487		915		839	

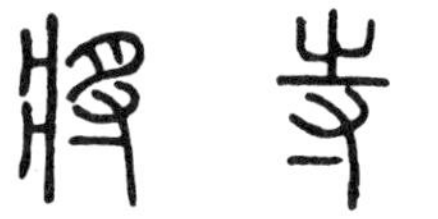

寺	將						
137	2	110	125	140	234	240	258
寺通待　毋~於内　137	3	119	126	164	235	243	259
《孫·火攻》	71	125	126	216	238	243	264
《孫》一見，凡一見。	86	125	126	234	238	244	270
	99	125	132	234	239	257	271

282
283
293
301
305
325
327
333
334
334
335
335
336
336
336
344
352
353
359
364
369
391
392
394
394
435
436
469
471
489
499
501
542
550
556
604
607
617
665
685

專

686　686　724　782　801

859　869　872　872　947

963　964　964　965　968

975　976　978　978　978

656　962

皮

133　406

686

皮通彼　故兵知～知己　27　《孫·謀攻》

《孫》一見，《韜》一見，凡二見。

啟

595　682　744

效	故						
1	1	32	53	85	144	159	249
	2	37	63	86	145	160	251
	12	41	70	107	151	177	255
	22	42	75	116	155	245	256
	29	51	76	134	158	248	256

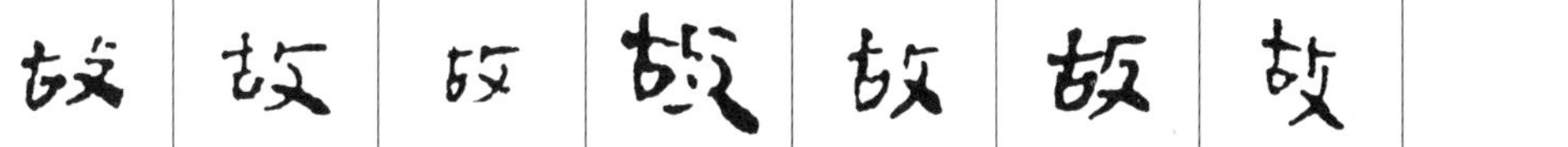

593	545	491	463	370	351	321	257
607	549	496	469	371	353	331	270
614	576	501	470	374	354	334	271
628	582	521	483	433	357	335	297
629	588	544	484	460	364	349	318

數 政

			數	政			
834	336	156	34	348	858	781	639
883	508	158	44		860	852	674
936	518	159	50		865	853	694
963	519	251	62		865	857	696
	668	323	62		866	858	717

變

604

610

數通速　嘆笑相從之~也　591　《晏·十二》

《孫》一見，《晏》三見，凡四見。

49

49

80

170

177

350

695

809

810

夏

355

夏乃「變」之省體

更

417

950

斂

523

558

641

569

斂通儉　其自養~　569　《晏·八》

《晏》一見，凡一見。

敵

17

66

67

95

95

		敗	敦	赦		救	
450	243	34	416	173	296	61	416
451	347	42			406	61	
452	397	44			513	118	
464	399	45			515	236	
688	406	131				238	

846
960
962

寇

410

收

340
565
862
937

252

收通兜　舜擊讙～　252　《臏·見威王》　《臏》一見，凡一見。

攻

29
57
86
86
135

135
137
162
166
167

167
234
235
238
238

239
243
277
279
406

416　468　469　481　512

557　557　733　776

牧

177　736

教

103　213　213　432　432

439　440　442　443　443

445　446　446　446　621

622　695　860

學

226　620　827

卜 占 兆 用

學：542

學通覺～痛碩 542 《晏·四》

《晏》一見，凡一見。

卜：632

占：543　543

兆：471

用：4　9　22　79　81　102　102　140　146　171　179　217　251　258　259　259　260　262　263　276

285
294
326
328
339
339
339
351
351
362
367
372
376
406
406
407
407
407
407
408
434
518
544
545
563
590
590
600
614
761
811
875
953

文一百二十七

重一千二百六十一

目　睘　相

銀雀山漢簡文字編

卷四

駢宇騫　編著

目

目 31
目 76
目 120
目 443
目 472
目 810

睘

睘 455

相

相 76
相 101
相 118
相 258
相 258
相 264
相 299
相 353
相 432
相 439
相 515
相 577
相 591
相 681
相 681

皆　　　　自

皆			自				
177	818	531	167	937	911	828	681
258	946	569	349	938	912	843	681
276	982	588	436	946	912	872	687
339		625	517	973	912	873	818
345		627	530	985	913	882	818

348	628	691	893	940	魯 556	800	870
362	659	692	899	943	556	魯通櫓　可以破蔽～百步之内者　800　《守·一》　《守》一見，凡一見。	魯通鹵　斥～津洳　870　《守·四》　《守》一見，凡一見。
375	661	747	931	943	560		
441	689	807	931	951			
445	689	807	935	974			

者

1	4	28	39	53	55	59	69
2	11	32	40	53	55	60	76
2	14	34	41	53	56	60	80
3	14	35	42	53	56	62	95
3	22	37	51	54	58	62	95

96
97
98
98
98
99
100
100
103
106
107
107
109
116
116
123
124
124
124
136
139
145
146
146
146
160
161
163
164
165
166
167
168
169
170
171
181
181
188
193

193
205
207
214
246
247
248
248
248
249
249
250
250
255
259
263
268
269
269
269
269
269
269
270
270
270
271
271
271
273
273
273
273
274
274
274
274
275
275
275

335	332	323	295	285	282	280	276
335	332	324	297	285	282	281	276
337	334	324	297	293	282	281	276
337	334	331	317	294	283	281	277
338	334	331	317	295	284	281	280

340

343

343

343

344

345

349

351

352

353

353

358

359

362

362

364

369

373

374

374

374

375

394

403

417

430

433

445

446

446

447

464

467

468

474

477

477

478

478

478

596	587	562	556	543	526	518	479

596	589	569	557	545	530	520	495

614	589	574	557	553	531	520	499

628	592	574	557	554	541	521	501

628	593	576	561	555	543	526	502

643
651
651
651
682
684
684
694
717
739
749
749
774
774
774
780
782
787
790
795
799
803
804
809
809
810
811
818
820
820
821
821
822
825
828
828
830
837
837
845

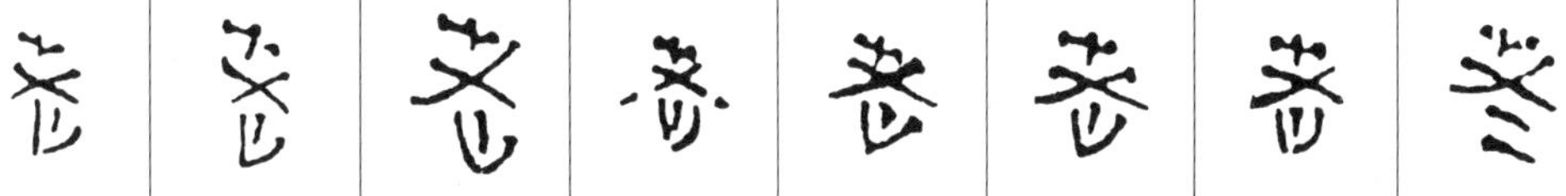

846	859	876	900	905	920	933	942

852	872	885	900	907	932	933	947

853	873	892	903	911	932	933	947

853	875	896	904	913	932	934	947

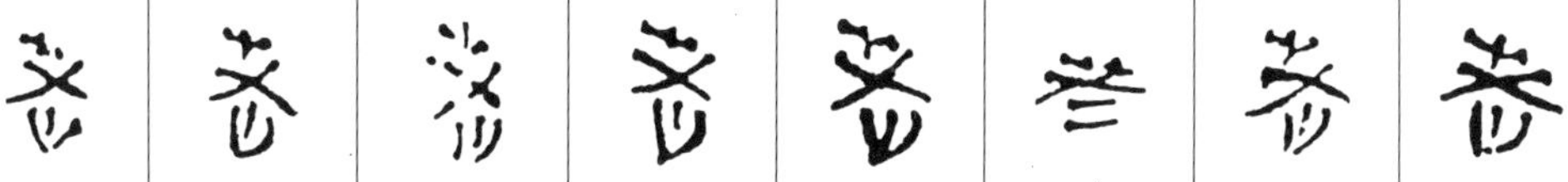

857	875	900	904	915	932	935	952

959 959 960 960 961

962 964 964 967 967

967 972 974 979 981

988 990

智

42 159 317 626

⿰知亍

256

⿰知亍乃「智」之省體

～不若周公　256

《臏·見威王》

《臏》一見，凡一見。

128 171 239 320 320

320 321 352 374 550

626

智通知　智不足以～君之不善　626　《晏·十六》
《孫》三見，《臏》八見，《晏》四見，凡十五見。

百

14

81

93

158

158

159

159

161

246

329

329

329

348

354

434

464

508

517

576

612

726

778

781

795

800

807

808

812

812

862

876

882

921

938

941

習

213

576

974

989

942

947

955

956

957

羽

252

364

翟

532

533

翼

919

翁

685

隹

764

764

隹通唯　～天～人　764　《韜·十四》

《韜》二見，凡二見。

雞	離			雄	雌	奪	奮
911	94	521	808	405	943	110	408
943	266	521		863		374	
947	266	521		943		897	
	347	531					
	417	808					

乖

326

羊

474

479

532

557

羊通祥　攻義者不～　557　《晏·六》

《晏》一見，凡一見。

羸

405

羣

497

529

668

688

688

695

747

872

美

834

955

681

美通微　～哉與民人同德　681　《韜·五》

《韜》一見，凡一見。

瞿 矍 烏 難 鶱

瞿

104 765

瞿通衢　有交地有~地　104　《孫・九地》

《孫》三見，《韜》一見，凡四見。

矍

106 123 125

矍通衢　而得天□之衆者爲~　106　《孫・九地》

《孫》三見，凡三見。

烏

99 863

難

102 238 297 400 473

584 584

鶱

598 601 603 603 604

604 605 606 606 609

610

於

323	317	242	194	172	147	54	12
323	322	245	214	173	148	85	50
323	322	259	214	174	164	133	50
328	322	284	234	176	167	145	50
329	322	300	239	176	167	145	51

695	601	574	552	463	374	369	330
736	605	574	553	463	374	370	341
799	613	575	555	504	453	371	341
807	614	582	574	507	463	373	341
811	623	582	574	532	463	373	354

			焉				正二
813	943	677	470	595	605	858	155
813	964	696	555	598	605	879	160
852	976	於通嗚　～呼聖人務靜之　696　《韜・六》	557	598	605	953	160
886	976		593	599	626	954	311
940	於乃「烏」之古文	《韜》四見，凡四見。	595	599	825	955	435

436

正乃「焉」之省體

畢

433

516

903

951

棄

245

554

再

260

372

464

550

756

764

爯

717

880

882

爯通稱　令必~邑　880　《守·五》

《守》五見，凡五見。

幼

436

514

幾

283

284

610

297

幾通機　所以當投～也　297　《臏·陳忌問壘》

《孫》一見，《臏》一見，凡二見。

593　596

幾通豈，君人者～以陵民　593　《晏·十二》

《晏》二見，凡二見。

予

677　700　703　946

敫

391

敫通激　所以～氣也　391　《臏·延氣》

《臏》一見，凡一見。

受

614　630　644　808　975

727　737

受通紂　～爲无道　725　《韜·十》

《韜》五見，凡五見。

885

受通授　以地次～田於野　938　《守·九》

《守》三見，凡三見。

爭

69　69　71　75　83

敢

108　125　162　168　169

257　503　697　703

117　195　195　258　303

328　328　328　329　352

563　576　594　644　873

876

殆

668

618

殆通怠　立命而～□　618　《晏·十五》

《晏》一見，凡一見。

死

1
2
3
61
91
105
107
109
113
113
115
124
145
181
273
294
342
342
344
345
345
345
374
378
379
382
385
386
470
470
499
517
592
592
592
594
594
594
595
595

殀 

596

602

643

727

733

903

904

904

904

905

912

915

961

963

978

979

989

989

981

死通屍　得其～罪赦　981　《守・十》　《守》一見，凡一見。

薨

542

543

543

545

薨通夢　占～者弗識也　545　《晏・四》　《晏》五見，凡五見。

487

《說文》所無　殀通夭　不殺～胎　487　《尉・一》　《尉》一見，凡一見。

别	骨	體	肉	胃			
695	278	561	946	132	320	668	747
		561		184	327	687	747
				184	373	700	749
				204	634	746	815
				259	656	747	910

910

910

911

911

920

920

920

964

973

胃通謂　以義取人～之友　747　《韜·十二》　《孫》十一見，《臏》二見，《韜》十三見，《守》十四見，凡四十見。

腸

474

脅

50

50

脅通怯　～生於勇　50　《孫·勢》　《孫》二見，凡二見。

肩

354

357

胠

409

422

隋

139

296

130

隋通隳 城可～也 130 《孫·九地》

《孫》一見，凡一見。

412

531

隋通惰 ～乎爲善 531 《晏·一》

《臏》二見，《晏》一見，凡三見。

肴

302

胡

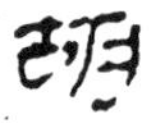
418

脩

20

411

559

598

605

678

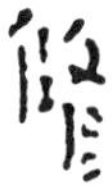
724

749

768

脩通修 前日公令～臺 605 《晏·十三》

《孫》二見，《晏》四見，《韜》四見，《守》二見，凡十二見。

胥

252

253

517

膮

923

膮通磽　量土地肥～而立邑建城　923

《守·九》

《守》一見，凡一見。

膾

487

散

123

399

399

406

446

549

702

962

膠

58

腐

844

肥

820

820

820

923

403正

《說文》所無

體通體　凡處卒利陳～甲兵者　403正

《孫·官一》

《孫》一見，凡一見。

膭

膭	削	利					
968	403	6	75	139	175	272	397
	408	53	85	163	186	322	397
	411	69	92	163	191	339	403
	414	69	122	167	195	389	417
		71	131	167	248	392	432

《說文》所無

膭通脊　折~……賞　968　《守·十》　《守》一見，凡一見。

439 490 583 629 643

684 689 703 783 827

876 876 880 880 898

295 298

利通黎　蒺～　295　《臏·陳忌問壘》

《臏》二見，凡二見。

則

10 29 39 39 60

64 69 70 71 72

72 82 107 108 109

109 109 117 123 127

462	400	376	355	335	248	163	127
468	400	397	365	338	261	170	127
517	403	397	365	341	261	171	163
546	410	397	365	341	276	196	163
560	433	399	375	343	299	247	163

593
594
594
609
657

698
749
814
853
858

860
864
869
876
876

877
914
915
915
918

919
919
919
928
960

963

剛

417

343
343

剛通綱　直者爲～　343　《臏·地葆》

《臏》二見，凡二見。

刻	辨		列	割	剽	封	制
569	375	365	434	879	281	407	3
898		辯通辨　陣之則～　365　《臏·兵情》　《臏》一見，凡一見。	803		282		3
			883		剽通飄　～風之陣者何也　281　《臏·威王問》　《臏》二見，凡二見。		65
			885				66
			886				66

罰

158 159 298 322 324

404 462 537 819 866

921 952

100 102 208 273 273

379 530 717 862 873

894 941 964

訓

5

訓乃「罰」之省體

賞～孰明 5 《孫·計》

《孫》一見，凡一見。

刃

411

創

482

681

劍

350

351

351

351

352

800

耒

900

耤

795

558

耤通籍　厚～斂　558　《晏·六》　《晏》一見，凡一見。

900

901

《說文》所無　三歲俱出耒～之端　901　《守·七》

角

349

479

700

觸

259

281

衡

372

372

372

373

965

解

408

418

928

解通懈　示民萌毋～怠　928　《守·九》

《守》一見，凡一見。

文九十二

重一千零五

銀雀山漢簡文字編

卷五

駢宇騫　編著

節

401

410

497

498

523

553

563

829

846

900

913

簡

410

423

等

634

笵

155

158

筴

521

筴乃「策」之別體

《集韵·麥韵》云：「策，《說文》：『馬箠也。』一曰謀也；一曰著也；一曰小箕曰筴。或作筴。」

管

256

409

筭

8

笑

207

590

591

688

篳

95

《說文》所無

篳通蓽　……小林翳薈　95　《孫·行軍》　《孫》一見，凡一見。

其

32

42

42

131

137

137

139

155

155

158

160

161

164

164

238

 373	 340	 322	 320	 285	 268	 259	 242
 376	 341	 323	 322	 296	 274	 261	 243
 392	 341	 323	 322	 297	 275	 262	 244
 465	 341	 338	 322	 297	 276	 267	 245
 468	 344	 340	 322	 298	 276	 267	 251

《説文》云「其」乃「箕」之籀文。「箕」爲後起字。

丌

亓

362	318	201	126	120	100	58	1
364	331	207	128	120	103	93	4
366	335	214	131	121	117	93	54
369	354	279	133	125	117	95	55
469	358	279	145	125	118	96	57

686	679	678	675	650	640	515	484
688	679	678	675	666	648	521	484
692	679	679	677	667	649	634	484
695	680	679	678	669	650	635	497
696	680	679	678	669	650	639	499

913	897	863	839	818	781	729	699
935	905	863	850	820	784	729	703
936	905	879	859	821	787	743	703
936	912	880	859	821	788	749	716
943	912	896	859	828	800	749	717

943 943 946 970 976

978 978 978 979 983

988

亓乃「其」之古文，《説文》作「丌」。《集韵·之韵》云：「其，古作丌、亓。」

左

178 179 184 186 188

194 198 325 341 348

433 469 478 478 873

工

251 255 582 862

式

257 583

592

式通弒　崔杼果~莊公　592　《晏·十二》

《晏》一見，凡一見。

巧

164

322

352

935

950

巧通考　……~參以爲歲均計　950　《守·九》

《守》一見，凡一見。

甘

282

甚

508

543

552

561

668

668

844

曰

1

1

2

2

2

9

34

34

34

34

44

44

44

62

110

117

133

135

135

155

156

160

160

163

164

166

186

191

195

196

208

217

219

233

240

240

240

240

243

244

246

247

256

258

258

259

260

260

260

261

261	266	268	271	273	281	293	298
262	266	268	272	274	283	294	301
262	267	268	272	274	284	294	304
263	267	268	272	276	288	295	312
263	267	269	273	278	292	298	317

543	528	448	371	349	343	328	322
546	528	448	372	351	346	328	324
552	533	460	389	354	346	330	325
561	534	473	394	357	347	332	327
565	541	521	403	364	347	336	328

699	670	634	624	605	599	592	568
710	670	644	627	605	601	592	573
725	677	648	628	609	601	593	573
730	695	649	630	610	603	595	580
734	696	663	633	623	603	598	586

748　757　758　764　765

765

曹

604

曹通遭　～晏子於途　604　《晏·十三》

《晏》一見，凡一見。

乃

207　298　343　392　451

500　512　659　661　678

679　679　679　703　703

844　871　936

可

2　2　13　23　28

 335	 275	 248	 167	 130	 107	 49	 28
 349	 278	 257	 193	 137	 112	 56	 29
 400	 278	 264	 194	 138	 117	 59	 37
 434	 294	 266	 194	 140	 117	 87	 37
 471	 294	 273	 242	 145	 130	 88	 37

899	834	796	732	693	622	607	556
908	858	800	733	705	639	608	557
909	859	810	733	710	678	612	558
911	859	821	749	724	679	612	559
919	871	821	795	728	680	618	561

946
952
952

奇
32
42
46
164
853

乎
140
191
196
210
260
267
294
433
528
531
533
549
559
562
564
568
582
582
583
592
593
601
602
606
609
610
616
627
633

喜	嘗	旨		平	于	號	
140	259	400	244	179	497	860	677
273	497		267	238			696
349	814		346	239			乎通呼　嗚~聖人務靜之 696《韜·六》　《韜》四見，凡四見。
570	900		870	239			
602	990		879	243			

喜　鼓　豆　虞　虖

喜

604

憙

861

憙通喜　所～之國能獨利之　861　《守·四》

《守》一見，凡一見。

鼓

205　207　272　362　404

434　469　550

豆

525

虞

27　634　634

704

虞通娛　～以樂　704　《韜·七》

《韜》一見，凡一見。

虖

99

117

虖通乎　敢問□可使若衛然～　117　《孫·九地》

《孫》一見，凡一見。

虎

631

685

盛

238

543

620

622

盧

357

益

17

97

101

274

275

443

590

603

608

608

820

盈

297

702

731

盡			去			主	
12	782	984	15	479	974	4	157
246	810		94	593		139	159
507	856		101	599		140	160
513	869		328	716		143	223
590	978		329	733		153	283

井 靜 青

井	靜	青					
94	137	224	894	853	702	463	284
183	696	346	918	853	783	469	327
347	699	347	919	872	785	524	358
463	965	627	948	873	818	555	364
808				874	852	593	463

刑

904

524

697

717

740

853

942

970

28

46

51

58

64

65

65

66

295

465

695

699

刑通形　故善將者～人而无～□　58　《孫·實虛》

《孫》十四見，《臏》一見，《尉》一見，《韜》二見，《守》一見，凡十九見。

即

406

721

爵

378　590　590　799

食

72　190　226　394　485

486　490　511　515　563

566　626　627　627　638

638　639　804　820　856

899　901　901　901　903

903　913　914　914　930

930　931　931　933　933

餘　饒　飽　饋　養

餘	饒	飽	饋		養		
29	569	54	9	819	17	983	934
39	983	80		905	112		940
115				908	558		946
373				946	569		946
901					588		983

940

飢

54

80

98

914

914

合

73

140

140

267

317

349

370

372

389

389

400

411

414

580

583

973

258

528

534

573

606

610

合通答　晏子～曰　573　《晏・九》

《臏》一見，《晏》十見，凡十一見。

僉

160

今

365　390　518　520　522

537　537　543　545　555

558　561　564　601　607

608　614　619　625　628

629　634　677　686　724

732　734　899

舍

164　239　245　334　550

會　入　內

字	簡號
會	677, 723, 733
會	523, 720
入	133, 163, 163, 418, 474
入	508, 563, 595, 624, 627
入	704, 801, 805, 846, 880
入	929, 940, 941, 942, 947
入	953, 955
內	146, 151, 219, 337, 410

467

522

679

732

768

795

796

800

819

830

853

882

898

907

913

915

915

928

967

982

984

984

全

337

503

971

垂

257

垂通垂　～衣裳 257

《臏·見威王》

《臏》一見，《韜》一見，凡二見。

矢

364

364

364

365

366

366　368　369　512　524

772　840　973

射

298　405　433　433　516

贈

278

贈通增　倅險～壘　278　《臏·威王問》

《臏》一見，凡一見。

矦

26　72　105　127　449

484　579　819　920　988

短

67　262　297　410　837

935

知

知

451	354	338	325	263	75	59	12
640	356	338	336	266	143	60	26
679	358	341	337	283	145	63	30
679	359	351	337	284	151	69	55
679	364	353	337	325	202	72	56

知 686　知 688　知 692　知 704　知 748

知 846　知 859　知 860　知 869　知 871

知 960　知 965

知 11　知 336　知 478　知 682　知 682

知通智　雖～者不能善其後也　二　《孫·作戰》

《孫》二見，《臏》二見，《尉》二見，《韜》一見，凡七見。

矣

矣 12　矣 60　矣 171　矣 207　矣 212

矣 219　矣 246　矣 261　矣 266　矣 284

矣 285　矣 467　矣 529　矣 534　矣 602

市				高			
14	801	552	241	3	884	724	606
239	804	555	243	66	908	817	607
463	845	769	244	89	960	817	608
875		796	355	185	972	854	614
875		797	356	240		860	675

876 　876 　877 　878 　879

880 　882 　884

央

137 　297

330 　657 　678 　678 　911

央通殃　天道无～　678　《韜·五》

《臏》一見，《韜》三見，《守》一見，凡五見。

厚

148 　160 　449 　560

良

139 　372 　433 　821

亶

621

亶通殫　累壽不能～其教　621　《晏·十五》

《晏》一見，凡一見。

嗇			來	致	憂	愛	
586	844	896	110	53	85	161	691
587	845	897	298	590	285	501	691
589	845	935	344		696	568	829
841	846		801		697	588	839
843	887					589	

夏	舜	韋	韓	弟	久	桀	
152	253	840	155	283	280	176	514
253	255		158	433	282	256	862
492	257				318	554	桀通傑 鼓其豪～俊雄 514 《尉·三》 《尉》一見，《守》一見，凡二見。
668					376	749	
672							

乘

9

111

214

326

337

337

337

340

403

412

470

590

627

727

768

834

文九十

重一千零八十七

銀雀山漢簡文字編

卷六

駢宇騫 編著

木

479

808

839

953

柰

258

260

262

263

266

268

272

272

293

306

319

663

670

699

748

760

李

891

892

894

題

桂

245

楑

416

楑通揆　~斷藩薄　416　《臏·官一》　《臏》一見，凡一見。

柀

242

椐

346

枋

838　839

枋通柄　~七尺　838　《守·三》　《守》二見，凡二見。

栘

808　839

權

75　164　274　274　350

356　357　372　372　412

634

865

869

柏

598

599

599

600

600

603

604

604

609

748

913

916

920

柏通霸　~王之君　748　《韜·十三》

《韜》一見，《守》三見，凡四見。

樹

344

968

樹通屬　血□之~　968　《守·十》

《守》一見，凡一見。

本

242

431

943

951

951

朱
35
35
45
45
518

朱通銖　敗兵如以～稱鎰　35　《孫·形甲》

《孫》四見，《尉》一見，凡五見。

根
524

末
242
898

果
245
550
560
592

枚
806
806
809
904

梃
839

柖
348

枉

688

材

821

862

863

953

953

621

材通財　積～不能贍其樂　621　《晏·十五》

《晏》一見，凡一見。

棟

960

極

137

677

686

687

748

756

樓

793

794

794

798

柤

525

柤通俎　～豆同利制天下……　525　《尉·五》

《尉》一見，凡一見。

橦　枕　桮　案　機　杼　杖　椎

字	出處	說明
橦	800	橦通衝　爲飛～及繳張　800　《守・一》　《守》一見，凡一見。
枕	596	
桮	795、795	桮通杯　五人之大～　795　《守・一》　《守》二見，凡二見。
案	766	
機	714、869	
杼	592	
杖	98	
椎	414、838、838	

棅	[木敝]	椄	樂		枹	橾	橫
366	835	163	248	619	469	811	241
		408	257	621			241
			585	622			
			615	633			
			618				
棅乃「柄」之或體　弩張~不正　366　《臏·兵情》　《臏》一見，凡一見。		椄通接　深入則後不利~　163　《孫·四變》　《孫》一見，《臏》一見，《守》一見，凡三見。					

枼 休 棺 槽 梟 ⿱敝木 槫

枼

298

285

枼通世　齊三~其憂矣　285

《臏·威王問》

《臏》一見，凡一見。

休

173

323

697

945

棺

410

槽

416

梟

601

602

605

⿱敝木

840

《説文》所無　非甲戟矢弩及兵~韋韅之事　840

《守·三》

槫

58

102

《説文》所無　我~而爲壹　58

《孫·實虛》

棰　杋　𣗳　東　林

76　495

槫通專　民既已～……　76　《孫·軍爭》　《孫》一見，《尉》一見，凡二見。

839

《説文》所無　連～長尺八寸　839　《守·三》

570

《説文》所無　杋通救　正徹而～窮　570　《晏·八》　《晏》一見，凡一見。

按：《説文》「杋，亦古文簋」，疑與此非一字。

641　641　645　646　646

《説文》所無　𣗳通樹　～歛何如而天下歸之　641　《韜·一》　《韜》七見，凡七見。

東

173　178　238　345　534　727

林

95　253　346　409　563

870

952

疌

451

疌乃「楚」之省體

才

717

593

596

681

685

705

744

才通哉　微～與民人同德　681　《韜·五》　《晏》二見，《韜》七見，凡九見。

646

才通財　樹～以……　646　《韜·一》　《韜》一見，凡一見。

672

才通材　地□萬～　672　《韜·四》　《韜》一見，凡一見。

677

才通在　文王～酆　677　《韜·五》　《韜》一見，凡一見。

桑
453
之
1 1 1 1 1
2 2 6 6 6
7 20 22 22 23
26 28 30 32 37
39 39 46 49 49
49 51 51 51 54
54 54 55 58 59

61	72	92	95	120	143	153	163
63	75	92	95	127	146	154	164
63	76	93	102	128	151	156	166
67	81	93	110	139	152	159	166
69	90	94	116	139	153	160	166

 247	 245	 217	 208	 198	 191	 184	 168
 250	 245	 226	 208	 198	 191	 184	 176
 251	 245	 234	 210	 205	 191	 189	 176
 252	 245	 238	 213	 207	 193	 189	 176
 252	 246	 242	 217	 207	 195	 190	 177

 296	 293	 281	 272	 263	 261	 259	 252
 297	 293	 282	 273	 266	 261	 259	 256
 297	 293	 283	 277	 266	 262	 260	 257
 297	 294	 284	 279	 272	 262	 260	 258
 298	 296	 293	 279	 272	 263	 261	 259

350	347	345	339	337	324	312	299
350	347	345	340	338	327	317	300
350	349	346	343	338	334	317	300
351	349	346	345	338	337	320	301
351	350	346	345	339	337	322	305

451	432	388	376	371	365	354	351
451	435	391	376	372	365	354	351
459	447	394	377	373	367	354	352
461	450	402	382	374	370	362	352
464	450	432	384	374	371	364	353

549	545	533	526	521	516	484	468
550	545	534	528	522	516	488	471
552	546	537	533	524	516	512	472
552	546	537	533	525	517	512	473
553	549	544	533	526	521	513	476

604	596	591	584	577	568	562	556
606	596	592	587	579	571	562	559
607	598	594	588	580	573	564	559
609	602	594	588	581	574	566	560
610	604	594	589	583	575	568	561

675	670	651	642	636	626	617	611
678	671	658	643	638	627	617	612
682	671	668	645	638	628	617	614
684	671	669	649	638	629	619	614
685	674	670	650	641	630	623	615

747	732	723	710	702	699	696	686
747	734	726	714	703	699	696	692
749	736	727	717	703	700	696	692
749	746	727	718	703	700	697	692
749	747	732	720	705	702	699	693

756

765

766

768

776

776

781

782

783

783

783

785

786

795

795

795

798

798

799

800

801

804

806

807

811

812

812

818

827

834

835

840

840

840

841

844

845

846

853

856

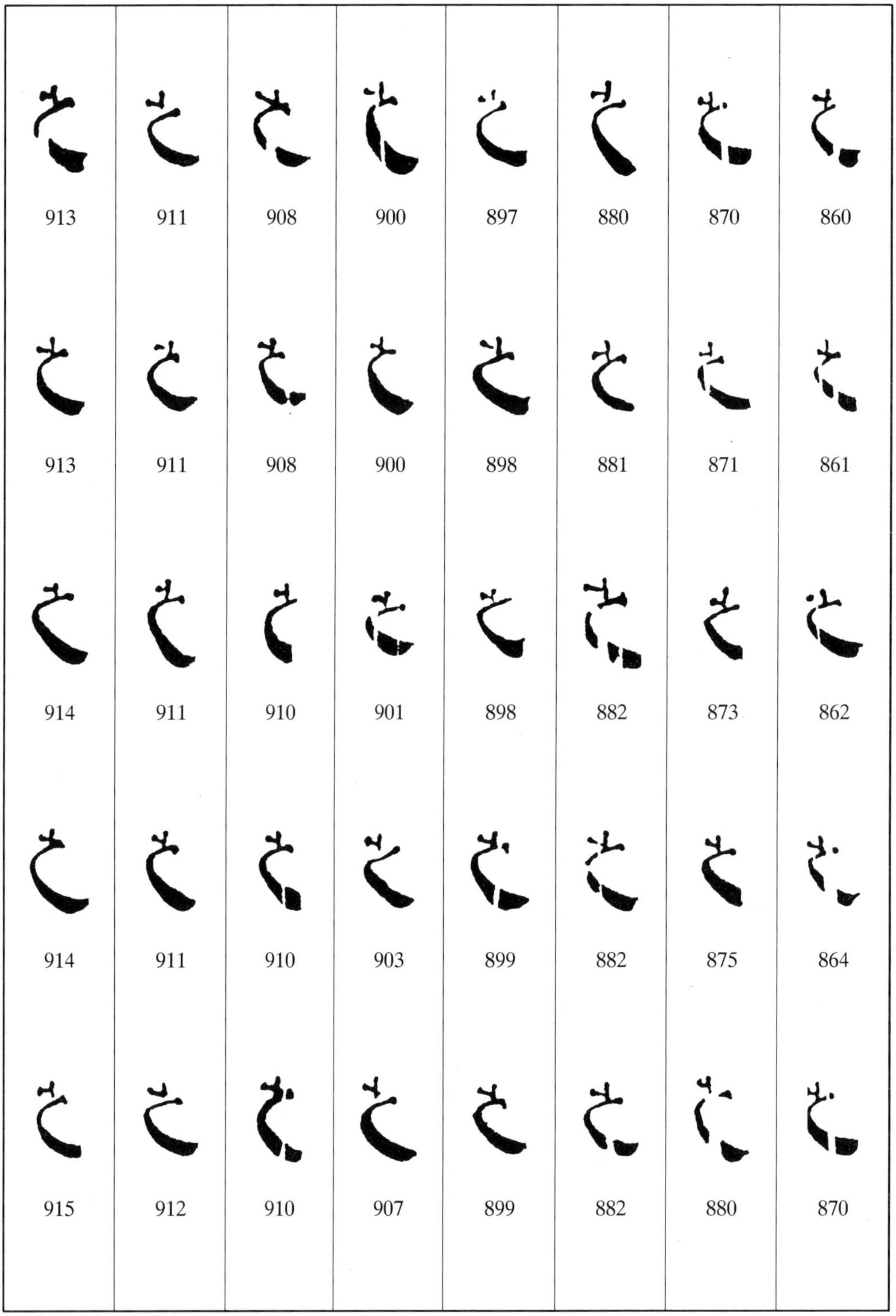
860 861 862 864 870
870 871 873 875 880
880 881 882 882 882
897 898 898 899 899
900 900 901 903 907
908 908 910 910 910
911 911 911 911 912
913 913 914 914 915

968	953	948	945	936	934	920	915
968	962	948	946	938	934	926	915
968	964	951	946	943	935	930	919
968	967	952	947	944	936	930	919
968	967	952	947	945	936	933	920

巿　師　出

之	之	巿	師	師	師	出	出
971	978	727	81	414	550	54	264
971	983	巿通師　近~者貴 14 《孫·作戰》	81	464	829	97	267
972	984	《孫》一見，《臏》一見，《守》一見，凡三見。	153	468		188	279
974	988		261	542		263	283
974	989		405	549		263	360

464 486 515 541 597

604 625 625 627 629

629 794 798 801 846

863 866 872 880 900

901 901 945 965 972

984

索

1 95 405

孛

564

孛通悖　行～乎神　564　《晏·七》

《晏》一見，凡一見。

南	生	生	生	生	生	生	生
238	1	49	91	341	470	643	699
239	2	50	146	342	472	670	699
345	3	50	266	345	636	671	700
	35	67	333	345	636	672	716
	35	87	335	441	643	697	717

844

868

869

915

915

52

生通性　木石之～安則静　52　《孫·勢》

《孫》一見，凡一見。

329

329

762

生通姓　百～之費　142　《孫·用間》

《孫》一見，《臏》二見，《韜》三見，凡六見。

561

生通性　今吾欲具圭璧犧～　561　《晏·七》

《晏》一見，凡一見。

產

181

343

457

457

華

578

733

華通譁　弗～於外　578　《晏·十》

《晏》一見，《韜》一見，凡二見。

稽

617

882

橐

311

571

橐通蠹　無朽~之藏　571　《晏·八》

《晏》一見，凡一見。

786

橐通托　姦詐之所~也　786　《守·一》

《守》一見，凡一見。

圜

407

475

回

795

圖

870

國

1

154

160

160

198

247

250

251

252

261

318

337

337

393

408

819	818	768	684	579	527	468	432
820	818	768	684	615	557	469	448
821	819	813	695	648	557	484	448
826	819	815	695	668	568	484	460
852	819	815	768	670	571	517	462

853

854

866

872

873

875

876

877

882

898

899

908

908

913

951

951

951

952

984

圈

857

面

198

因

66

66

135

146

151

339

533

535

570

669

699

702

703

946

図

532

図通囿　居～中臺上以觀之　532　《晏·二》

《晏》一見，凡一見。

囚

163

405

408

502

516

517

固

55

124

124

125

154

184

249

250

258

456

495

514

630

686

724

768

800

844

845

934

963

965

966

圍

81

126

803

871

困

269

270

275

418

555

557

814

910

員

210

210

299

員通圓　……引而～之～中規　210

《孫·見吴王》　《孫》二見，《臏》一見，凡三見。

財

373

471

582

588

880

487

財通材　不贍不成之～　487

《尉·一》　《尉》一見，凡一見。

貨

115

373

374

375

376

473

資

513

賢

372

568

568

571

583

668

695

821

829

869

876

賛

261

《集韵·换韵》云：「贊，隸作賛。」

賁

351

352

385

賁通墳　或死～墓　385

《臏·殺士》

《臏》一見，凡一見。

齎

943

貸

588

32

42

貸通忒　故其勝不～　42

《孫·形乙》

《孫》四見，凡四見。

賞

5

100

148

208

273

273

324

326

328

329

329

524

527

554

569

570

628

717

868

873

貝　賀　費　責　賈　賤

971

負
188　251　780

質
624　629

費
139　522　692　868　947

責
51　72　257

責通積　无委～則亡　72　《孫·軍爭》
《孫》一見，《臏》一見，凡二見。

賈
521　527

賤
193　208　219　259　403

(continued)	賦	貧	(continued)	賕	貴	(continued)	邑
586	833	14	910	376	14	909	106
688	879	160		376	214		238
852	950	460			219		410
885		582			503		456
		909			651		590

			邦	都	鄰	郊	竈
590	865	881	300	240	582	244	49
590	871	898	301	241	鄰通吝　～嗇之於行何如　586　《晏·十一》　《晏》二見，凡二見。		124
843	871	923		468			268
844	880	935					285
845	880	996					373

374

569

570

582

730

鄷

677

《字匯·邑部》云：「鄷，酆字省文。」又《正字通·邑部》云：「鄷，同酆，俗省。」

部

976

鄴

521

鄴通業　……離其吨～　521

《尉·四》

《尉》一見，凡一見。

邯

234

鄲

234

郎

133

郎通廊　厲於～上　133

《孫·九地》

《孫》一見，凡一見。

邪

569

575

613

791

810

853

885

898

273

274

邪通耶　兵之急者～　273　《臏・威王問》

《臏》二見，凡二見。

郭

768

768

783

904

郭通椁　親死不得爲～　904　《守・七》

《守》一見，凡一見。

36

46

《說文》所無

邪通伆　如決水於千～　36　《孫・形甲》

《孫》二見，凡二見。

鄉

151

373

404

938

967

967

鄉通嚮　有～敵者　967　《守・十》

《孫》一見，《晏》一見，《守》二見，凡四見。

文一百一十六

重九百九十八

銀雀山漢簡文字編

卷七

駢宇騫　編著

日　時

日

48	222	390	736	945
61	288	393	744	945
67	332	522	804	947
135	344	528	804	947
211	389	605	894	

時

3
135
250
331
670

730

790

911

旹

692

旹乃「時」之古文《說文》云：「旹，古文時。」~之所在 692 《韜·六》

《韜》一見，凡一見。

昭

369

昭通招 猶不中~也 369 《臏·兵情》

《臏》一見，凡一見。

晉

154

155

160

300

301

303

晏

528

528

533

534

541

545

546

552

561

568

573

590

592

592

595

景

604 610 628 630

528 539 541 542 552

561 568 573 598 617

晦

590

晦通每　~朝 590　《晏·十二》　《晏》二見，凡二見。

昌

248 479

628 629

昌通唱　~善者若出一口 625　《晏·十六》　《晏》四見，凡四見。

678

昌通倡　不可先~ 678　《韜·五》　《韜》一見，凡一見。

暑

3 668 718 843

暴

175　558　852　965

昔

39　234　255　543

534

昔通夕　今～吾夢二丈夫立而怒　534　《晏·四》

《晏》一見，凡一見。

旦

351　601　724　756

暨

373　439　443　693

暨通既　然而陣～利而陣實繁　439　《臏·五教法》

《臏》三見，《韜》二見，凡五見。

朝

188　463　590　590　590

868　913

旗		旌	施			游	冥

76	971	76	582	251	409	659	745
				施通弛　～而不用　251　《臏·見威王》　《臏》一見，凡一見。			
76	973	76	853		422		
					施通迤　秦怫以逶～　409　《臏·官一》　《臏》二見，凡二見。		
80		404					

299							

414							

星

804

參

523

844

950

339

858

參通三　用陣~分　339　《臏·八陣》
《臏》一見，《守》二見，凡三見。

月

21

21

31

48

67

187

187

330

332

332

541

903

934

霸

128

128

933

朝

526

875

932

朝乃「霸」之省體　~者不成肆　875　《守·五》
《尉》一見，《守》三見，凡四見。

期	有						
98	12	83	135	176	249	260	279
259	29	104	162	196	249	267	283
259	39	105	164	239	250	267	324
389	67	135	170	239	252	270	325
	67	135	175	239	260	278	330

699	654	605	555	446	373	353	332
699	658	610	566	542	373	353	334
732	668	626	569	545	389	358	334
744	672	627	583	555	434	358	339
788	692	634	594	555	446	370	339

791

818

822

822

824

825

825

844

845

858

858

862

864

866

872

879

900

901

951

953

965

967

971

983

983

989

21

207

537

580

585

588

678

679

679

708

明

有通又　~三告而五申之　207　《孫·見吳王》

《孫》二見，《晏》五見，《韜》五見，凡十二見。

216　260　283　293　324

326　379　410　414　417

443　460　472　524　526

541　576　669　694　749

821　825　858　908　920

921　985

819　920　927

明通萌　內示民~以仁愛　819　《守·二》

《守》四見，凡四見。

夕

188

913

夕

592

夕通亦　吾~无死已　592

《晏·十二》

《晏》二見，凡二見。

夜

76

362

410

410

417

423

582

600

601

605

外

195

219

338

354

457

515

581

679

732

768

795

796

803

804

809

819

881

882

898

907

	多				虜	粟	齊
913	59	156	341	375	489	899	153
914	76	157	341	560			234
915	76	158	341	563			240
	107	159	362				242
	156	334	362				243

私穡稼牖棘朿

		朿	棘	牖	稼	穡	私
244	404	773	346	799	949	691	373
258	450			804		817	503
267	451			846			570
285	617						571
317	622						826

穡通嗇　治家莫如～　817　《守·二》

《韜》一見，《守》一見，凡二見。

牖：《說文》云：「譚長以爲甫上日也，非户也。」

移　采　積　稾　年

移

372
414
622

采

403

積

186
410
417
429
807

811
811
812
812
859

稾

943

495

稾通豪　故進退不～　495　《尉·二》

《尉》一見，凡一見。

年

173
251
610
621
624

931
931
931

穀

172　191　195　226　678

370

穀通彀　弩之中～合於四　370　《臏·兵情》

《臏》一見，凡一見。

834　863

穀通角　春秋～試　863　《守·四》

《守》二見，凡二見。

稅

156　156　159　160

稍

695

秋

348　863

秦

153　303　303　409　422

稱

34　35　35　35　35

45

45

45

373

456

兼

406

541

粱

234

244

粱通梁　～君將攻邯鄲　234　《臏·擒龐涓》

《臏》二見，凡二見。

精

344

863

471

精通清　～不可以事財　471　《尉·一》

《尉》一見，凡一見。

糧

72

239

393

446

983

325

糧通量　～敵計險　325　《臏·篡卒》

《臏》一見，凡一見。

氣

79

244

389

389

389

390 391 394 395 397

503 508 541 561

凶

139 959

兇

668

家

156 157 159 160 393

402 469 695 695 771

810 814 817 818 821

943 944 983

宅	室		宣	宛	定		安
521	554	810	449	183	272	872	261
	562	846		347	298		328
	564				656		328
	600				696		328
	619				857		387

富　察

		察	富				
434	557	819	1	156	448	651	898
434	558	820	88	157	462	651	910
556	559	853	122	159	583	700	
557	661	876	248	160	587	859	
557	662		276	322	649	876	

實	容	宭		守			
66	620	100	294	29	55	277	574
575	695			39	154	301	669
973				39	166	340	670
983				55	249	456	682
984				55	249	509	692

宭通窘　所以應猝～處隘塞死地之中　294　《臏·陳忌問壘》

《臏》一見，凡一見。

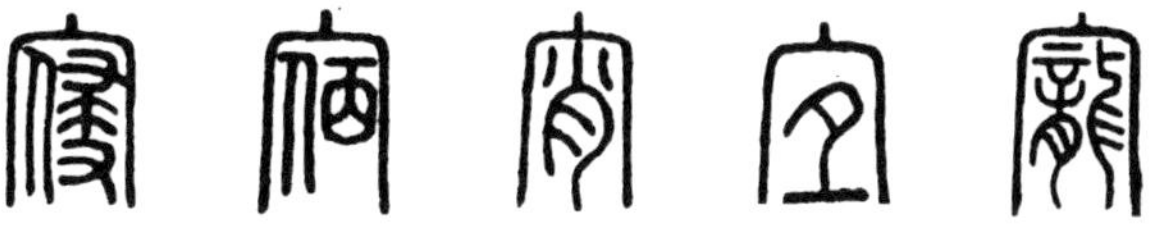

767

776

784

785

798

810

812

812

830

892

龐

703

宜

339

373

403

宵

583

宵通肖　而好論賢不～　583　《晏·十》

《尉》一見，《晏》三見，凡四見。

宿

739

寤

251

寤乃「寤」之省體　寤通寢　伐共工而后兵～而不起　251　《臏·見威王》

《臏》一見，凡一見。

寣

552

598

寣乃「寣」之省體　通寢　及晏子～病也　532　《晏·二》

《晏》四見，凡四見。

寡

59 60 107 245 260

260 262 445 446 446

561 565

客

776 785 799

寒

2 271 668 914 914

害

131 131 167 416 428

569 575 586 861 863

866 898 899

字頭	出處編號
宋	239、542、546、549、551
宗	561、563、565
	252
宮	197、562、564、882
營	266、397、621、882
呂	153、633、634
穴	799
竈	808

宗通崇 放之～ 252 《臏·見威王》 《臏》一見，凡一見。

窻

825

窻通聰　焉能得～明　825　《守·二》

《守》一見，凡一見。

空

201

208

846

984

窖

94

𥨊

265

692

𥨊乃「窮」之省體　何～之有　692　《韜·六》

《臏》一見，《韜》一見，凡二見。

疾

93

387

965

295

298

807

812

疾通蒺　～藜　295　《臏·陳忌問壘》

《臏》二見，《守》二見，凡四見。

病

528

532

癘

389

癘通厲　務在～氣　389　《臏·延氣》

《臏》二見，凡二見。

疢

388

413

476

《説文》所無　癧通壓　所以～津也　413　《臏·官一》

《臏》一見，《尉》一見，凡二見。

80

《説文》所無　毋要～～之旗　80　《孫·軍争》

《孫》二見，凡二見。

280

281

《説文》所無　瘍通雁　～行者何也　280　《臏·威王問》

《臏》四見，凡四見。

冣

372

668

818

828

同

2

118

525

681

681

681

699

兩	罔	罪				署	罷
243	955	173	555	604	893	787	409
258	罔通網　……～得入焉　955　《守·九》　《守》二見，凡二見。	208	555	677			516
258		208	555	717			658
366		549	555	790			
		553	593	862			

435

罷通疲　廢車~馬　435　《臏·五教法》　《臏》一見，凡一見。

631

罷通羆　非~非虎非狼　631　《韜·一》　《韜》一見，凡一見。

置

156　157　158　159　160

808　809　877　892

帶

9　234　234　470　842

常

67　526　598　600　601

603　604　604　609　610

660　661　669　675　699

723

257

常通裳　垂衣~　257　《臏·見威王》

《臏》一見，凡一見。

布

602

903

帛

903

白

174

347

600

敝

513

文一百一十一

重六百二十六

銀雀山漢簡文字編

卷八

駢宇騫　編著

人

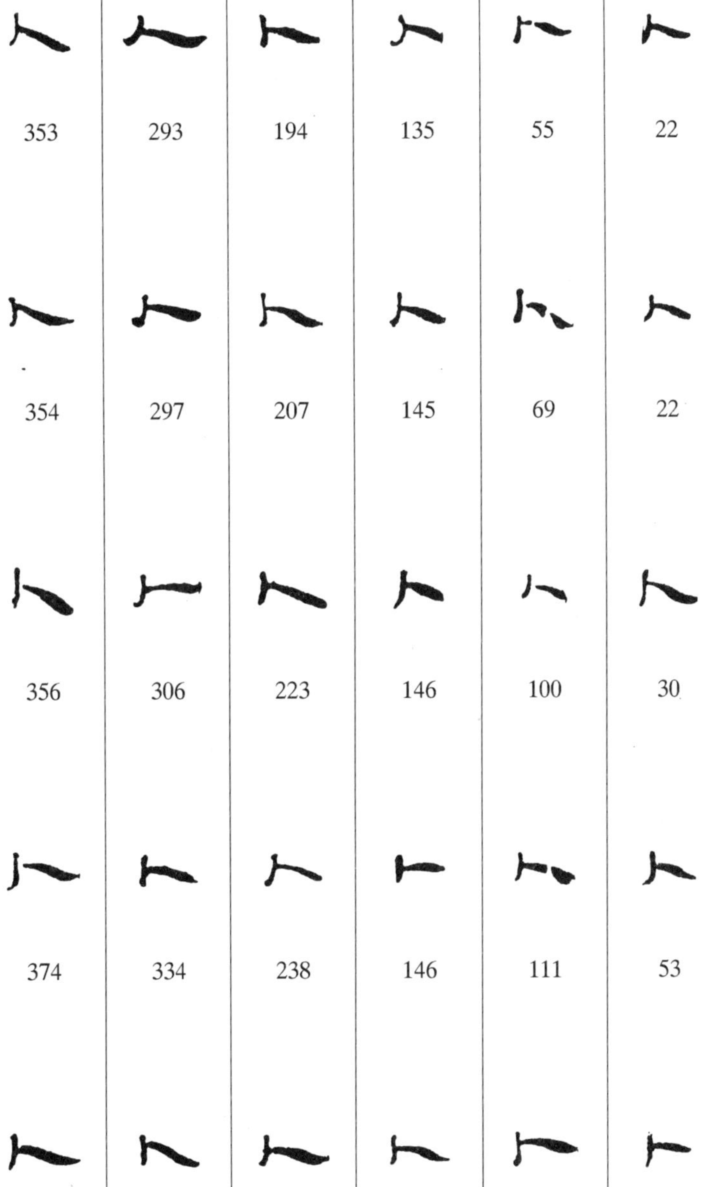

393

394

404

410

434

434

434

434

434

435

445

446

446

451

476

476

509

516

516

557

565

580

589

593

594

602

627

639

641

645

646

659

679

682

686

688

692

696

696

697

903	894	807	800	781	775	764	700
903	900	809	800	783	780	772	703
903	900	814	802	785	780	774	711
912	900	820	804	795	781	774	712
919	900	828	807	795	781	775	746

仁　僮

930　932　932　938　938

939　943　946　946　983

989

僮

513

仁

143　257　668　670　671

674　623　756　819　819

908　920

769　898　968

仁通仞　前雖有千～之溪　968　《守·十》

《守》五見，凡五見。

512

仁通韌　堅甲利兵勁弩～矢并於前　514　《尉・三》

《尉》三見，凡三見。

俊

514

863

伊

546

549

何

196

238

240

244

258

260

262

263

266

268

268

269

269

269

269

269

269

272

272

276

280

280

280

280

281

備

備							
59	733	691	659	595	573	319	281
60	748	691	663	603	580	351	284
97	759	699	670	641	592	354	292
267	760	710	677	648	593	354	293
275	765	712	691	649	593	568	306

傳		俱	倫	位			
247	907	117	403	500	913	747	279
406		555		822	913	800	285
776		809		861		812	349
800		900				830	349
		901				868	414

243

傳通附　直將蟻～平陵　243　《臏·擒龐涓》

《臏》一見，凡一見。

523

傳通賦　節～斂　523　《尉·五》

《尉》一見，凡一見。

倚

899

侍

27

51

53

80

110

263

266

288

339

516

516

559

865

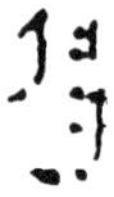

874

侍通待　先處戰地而～戰者佚　53　《孫·實虛》

《孫》八見，《臏》四見，《尉》二見，《晏》一見，《韜》一見，《守》二見，凡十八見。

336

侍通恃　故能制～固國　865　《守·四》

《臏》一見，《守》一見，凡二見。

付

331

331

545

610

付通俯 柏常鶩～有間 610 《晏·十三》

《晏》二見，凡二見。

俠

503

俠通挾 凡～義…… 503 《尉·二》

《尉》一見，凡一見。

伍

156

156

158

312

434

939

965

什

508

932

932

932

932

943

佰

417

806

516

佰通掐　其待～人之背　516

《尉·四》

《尉》一見，凡一見。

作

9 　275 　350 　350 　350

350 　520 　554 　554 　899

932 　932 　932 　933 　934

934 　936 　951 　951 　951

951

652

作通借　～人則君將失其威　652

《韜·二》

《韜》二見，凡二見。

侯

299 　801

償

523

代

195

500

代通忒　志位不～　500　《尉·二》

《尉》一見，凡一見。

便

409

415

422

947

951

任

435

568

569

575

594

845

俗

622

695

俾

296

使

使

53 54 60 109 117

120 120 125 125 131

234 234 298 331 472

473 545 558 651 702

702 704 704 716 818

820 872 876 900 915

946

傳

傳

253 410

伸

971

971

972

972

伸通陳　行～薄近　971　《守·十》

《守》四見，凡四見。

倍

508

81

106

124

176

倍通背　～城邑多者爲重　106　《孫·九地》

《孫》八見，凡八見。

佻

503

佻通挑　～戰無全氣　503　《尉·二》

《尉》一見，凡一見。

侈

553

僞

416

582

582

815

			伐	伏	傷	佚	佝
560	256	176	128	95	285	255	740
560	542	251	172	412	323	913	740
562	549	251	173	686	508		
566	556	255	174		899		
727	557	255	176				

   偖 仮 伓

728

749

852

859

872

但

596

但通袒 遂~免 596

《晏·十二》

《晏》一見，凡一見。

僂

125

倅

278

729

《説文》所無 其氣~王姑修身下賢 729

《韜·一〇》

《韜》一見，凡一見。

732

《説文》所無 仮通叛 而后天下~之 732

《韜·十》

《韜》一見，凡一見。

554

《説文》所無 伓通背 ~行棄義 554

《晏·五》

《晏》一見，凡一見。

563

《説文》所無 伓通偪 以毋~川澤 563

《晏·七》

《晏》一見，凡一見。

備

478

478

《說文》所無　備爲「俛」之異體　～者不得迎　478　《尉・一》
《尉》二見，凡二見。

㑳

868

《說文》所無　㑳通窳　器械苦～　868　《守・四》　《守》一見，凡一見。

化

67

695

699

699

880

885

885

化通貨　大上好～　688　《韜・五》
《韜》一見，《守》六見，凡七見。

頃

554

卬

545

卬通仰　～而答曰　545　《晏・四》　《晏》一見，凡一見。

從

81

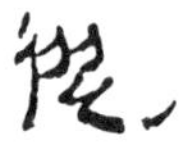
137

137

204

223

245

404

414

555

569

591

592

596

765

765

781

296

從通鏦　～次之者　296　《臏·陳忌問壘》　《臏》一見，凡一見。

495

從通縱　～敵不擒　495　《尉·二》　《尉》一見，《韜》一見，凡二見。

并

112

254

266

比

153

976

989

北

81

113

173

239

251

259

267

345

963

964

966 978 978

516

北通背 其待捪人之～ 516 《尉·四》

《孫》一見，《尉》三見，凡四見。

冀

156 158 159

丘

81 93 188 234 239

346 620 870

虛

14 53 66 99 109

502 824 870 973 984

眾

26 30 47 59 81

128 214 238 259 260

260 261 263 273 274

279 279 281 283 283

325 326 331 344 372

389 434 451 462 522

571 686 688 702 702

706 918

595

衆通終　禍～弗知也　595　《晏·十二》

《晏》一見，凡一見。

聚

274　389　477　478　694　695　695

朢

258　648　648　649　663　670　677　699　710　725　730　748　750　751　752　758　759　760　765　801　973

重

70　71　99　106　245

365　366　368　369　411

416　428　475　524　532

537　615　623　807　827

845

量

9　34　875　921　923

935　936

515

量通糧　毋通其～食　515　《尉·三》

《尉》一見，凡一見。

臨

389　399　407　431　470

身				殷	衣		表
117	403	583	818	583	257	914	343
251	547	626	926	686	393	914	960
253	555	678	983		491		
303	561	729			903		
402	574	813			913		

裏

343

襲

409

裾

784

裾通倨　……衆少～句而應之　784

《守·一》

《守》一見，凡一見。

襌

415

襄

173

628

襄通囊　～之唱善者皆欲若魚者也　628

《晏·十六》

《晏》一見，凡一見。

雜

85

409

411

411

補

621

629

裏	衰	卒					
405	252	5	249	280	298	334	365
411	297	51	258	281	304	334	365
	567	102	261	282	322	340	369
	619	208	266	283	322	340	371
		244	267	283	326	364	403

404　411　413　413　434

792　799　801　859　872

902　941　941　942　946

947　964　964　965　968

972　978　978　981　989

294

卒通猝　所以應~窘處隘塞死地之中　294　《臏·陳忌問壘》

《臏》一見，凡一見。

𧙓 䄆

415

《説文》所無　襌~蘗避　415　《臏·官一》

《臏》一見，凡一見。

衺

393

求

51 264 318 574 574

575 584 600 600 604

610 635

求乃「裘」之古文

老

780 906

壽

115 373 374 604 606

607 607 608 608 609

609

孝

225 433

毛

343

尸

988

居

46

97

185

221

344

532

668

837

837

871

880

974

547

居通倨　～身而揚聲　547　《晏·四》　《晏》一見，凡一見。

展

693

屋

810

846

屏

808　809

屏通庰　廿步一～　808　《守·一》

《守》二見，凡二見。

尺

772　772　774　774　774

796　796　804　837　837

837　838　839　839　839

839　839　839　839　885

885　903　903

870

尺通斥　～鹵津洳　870　《守·四》

《守》二見，凡二見。

尾

117　117　262

屈	舟	般	服		方		
14	350	743	103	801	52	251	668
252	870	般通盤　行~庚之政　743　《韜·十》　《韜》一見，凡一見。	310		178	299	668
253			351		178	331	768
			527		210	407	768
			659		210	407	769

839

882

汸

256

汸乃「方」之或體　通放　湯~桀　256　《臏·見威王》

《臏》一見，凡一見。

252

252

252

方通放　~之祟　252　《臏·見威王》

《臏》三見，凡三見。

726

方通秉　君~明德而誅之　726　《韜·十》

《韜》二見，凡二見。

皃

780

兑

79

281

兑通鋭　避其~氣　79　《孫·軍爭》

《孫》一見，《臏》一見，《晏》一見，凡三見。

充

619

兄

520

873

先

53　69　75　97　98

133　154　156　247　258

320　340　340　546　562

678　678　732　732　859

868　947　966

秃

953　954

見

76　199　247　292　298

299　314　338　338　432

	視						
809	75	912	857	679	629	601	439
973	362	913	858	679	640	605	441
	602	968	868	679	678	609	441
	794		912	679	678	617	528
	801		912	857	679	623	533

272

視通示　嚴而～之利　272　《臏·威王問》

《孫》一見，《臏》一見，凡二見。

觀

8

532

581

649

650

650

678

686

688

810

582

觀通歡　～於新　582　《晏·十》

《晏》一見，凡一見。

覺

688

親

102

147

385

571

594

636

657

659

679

702

829

904

968

968

欲			欸	次			
 193	 533	 703	 458	 154	 296	 409	 938
 257	 545	 889		 155	 296	 641	
 257	 561	 915		 155	 297	 699	
 335	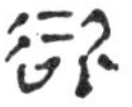 628			 158	 297	 791	
 364	 630			 159	 298	 938	

歂

歙

98

394

528

528

563

624

歙乃「飲」之古體　公～諸大夫酒　624　《晏·十六》

414

415

《説文》所無

歂通剸　～陣輲車　414　《臏·官一》　《臏》二見，凡二見。

文一百一十

重七百九十九

銀雀山漢簡文字編

卷九

駢宇騫　編著

顯

723

顯通願　~聞……　723　《韜·十》

《孫》一見，《韜》一見，凡二見。

顧

766

順

3

172

176

177

188

261

417

629

669

川

608

川乃「順」之省體　唯政~□□可以益壽　608　《晏·十三》

《晏》一見，凡一見。

頓

10

頓通鈍　勝久則~　10　《孫·作戰》

《孫》一見，凡一見。

煩

879

面

176

776

801

811

811

811

首

117

352

838

920

剸

324

剸通專　得主～制 324 《臏·篡卒》

《臏》一見，凡一見。

剬

651

剬乃「剸」之省體　通專　不～者忠 651 《韜·二》

《韜》一見，凡一見。

縣

238

757

770

770

771

833

834

834

836

842

905　976　75　373

縣通懸　～權而動　75　《孫·軍爭》

《孫》一見，《臏》一見，凡二見。

弱

50　260　262　340　366

495　910　982

文

641　648　663　677　686

701　750　751　752　753

755　756　765　872　898

960　962　962

			令	司			后
299	273	223	2	56	705	298	131
328	273	262	130	201	732	528	131
339	275	266	205	208	830	528	249
391	275	268	208	208	857	558	251
393	292	272	222	565		560	251

403

404

419

477

486

558

561

598

599

602

604

604

605

782

785

804

811

860

861

865

866

872

880

881

912

943

951

958

965

966

967

975

986

989

題

618

令通命　立~而怠□　618　《晏·十五》

《晏》一見，凡一見。

厄

341

409

卷

241

241

色

275

473

686

辟

555

66

66

79

279

辟通避　水行～高而走下兵勝～實擊虛　66　《孫·實虛》　《孫》三見，《臏》一見，凡四見。

116

辟通譬　善用軍者～如衛然　116　《孫·九地》　《孫》一見，凡一見。

542

辟通闢　～門召占夢者　542　《晏·四》　《晏》一見，凡一見。

558

辟通嬖　今君好酒而養～　558　《晏·六》

《晏》一見，凡一見。

807

817

辟通甓　瓴～之重皆五斗以上　807　《守·一》

《守》二見，凡二見。

家

744

包

406

敬

436

623

705

829

876

410

830

敬通警　～内如慎敵　830　《守·二》

《臏》二見，《守》一見，凡三見。

鬼

482

681

989

畏

54

214

273

329

409

422

524

861

876

964

964

篡

280

282

322

322

372

372

511

578

篡通選　兵之勝在於～卒　322

《臏·篡卒》

《臏》六見，《尉》一見，《晏》一見，凡八見。

誘

6

68

98

340

誘乃「⿺辶羑」之異體

巍

155

158

巍通魏　韓～爲次　155

《孫·吴問》

《孫》二見，凡二見。

山

106

172

345

345

345

（山）345 　346 　409 　409 　412

422 　474 　542 　544 　545

545 　546 　546 　563 　564

870 　905 　952 　953

密

149

崩

721

747 　747 　747

崩通朋　友之友謂之～　747　《韜·十二》

《韜》四見，凡四見。

崔

592 　595

廬

195

211

庭

745

庭通霆　如雷如～　745　《韜·十一》

《韜》一見，凡一見。

庫

135

831

834

836

842

845

845

846

題

序

403

430

廣

3

279

337

461

554

769

918

廁

97

259

廁通側　輕車先出居～者　97　《孫·行軍》

《孫》一見，《臏》二見，凡三見。

廉

582

龐

234

234

235

245

245

294

庳

97

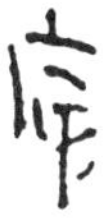
685

庳通卑　~飛翕翼　685　《韜·五》

《孫》一見，《韜》一見，凡二見。

庶

897

廢

435

826

庰

347

626

庰通尺　臣聞~螻食黄其身黄　626　《晏·十六》

《晏》一見，凡一見。

廁

255

《説文》所無　廁通管　舜伐～管　255　《臏·見威王》

《臏》一見，凡一見。

廋

561

《説文》所無　廋通瘦　寡人志氣甚～　561　《晏·七》

《晏》一見，凡一見。

庵

404

《説文》所無　齊兵以從速（迹）～結以人雄　404　《臏·官一》

《臏》一見，凡一見。

廞

71

244

《説文》所無　廞通蹶　五十里而争利則～上將　71　《孫·軍争》

《孫》一見，《臏》一見，凡二見。

厲

133

《説文》所無　厲通厲　～於廊上　133　《孫·九地》

《孫》一見，凡一見。

厝

408

410

《説文》所無　厝通厝　～人内寇以棺士　410　《臏·官一》

《臏》二見，凡二見。

磿

331

《説文》所無　磿通磨　无方而戰者小勝以付～者也　331　《臏·月戰》

《臏》一見，凡一見。

鴈

409

《説文》所無　鴈通雁　便罷以～行　409　《臏·官一》

《臏》二見，凡二見。

危　石　破　碕　長

危			石	破		碕	長
52	557	818	52	22	865	807	67
140	559	852	807	164		《說文》所無　小石及毀瓦～疾莉毋下人百　807　《守・一》　《守》一見，凡一見。	208
248	559	854	807	359			262
252	579		811	800			296
405	643		812	858			296

勿　肆

	勿	肆					
131	81	875	867	839	837	774	318
137	81	885	908	839	838	806	350
344	81	885	910	839	838	810	356
348	94	886	916	839	839	825	357
651	112		935	839	839	825	772

704
899

昜

96
120
120
341
341

397
399
399
407
565

951

昜通易　險～必知生地死地　341　《臏·八陣》

《臏》十二見，凡十二見。

而

6
6
7
9
17

23
40
53
53
53

54
55
58
58
63

64
66
66
66
68

244	226	207	207	164	137	98	69
244	238	208	207	166	146	99	71
245	239	210	207	167	151	102	75
245	240	217	207	167	151	131	93
245	243	223	207	205	164	137	95

320	283	272	266	255	251	249	247
331	284	272	266	256	251	249	248
331	293	276	267	258	251	250	248
331	295	279	272	259	252	250	249
332	298	279	272	264	253	251	249

 491	 469	 453	 408	 373	 353	 338	 332
 508	 481	 456	 408	 374	 364	 338	 332
 528	 484	 458	 415	 382	 365	 339	 332
 529	 484	 462	 434	 394	 365	 349	 334
 545	 484	 469	 439	 402	 369	 351	 335

765	717	636	619	596	583	565	547
765	720	682	623	602	590	569	549
793	726	682	623	610	590	570	555
795	732	699	626	613	594	581	558
799	733	700	629	618	595	583	558

800

809

812

827

828

828

840

846

854

857

864

865

868

892

899

900

907

909

910

911

912

916

933

933

937

946

952

952

953

953

953

955

955

968

978

978

983

984

988

989

豕

943

947

豤

898

905

豤通墾　一縣半～者　905　《守·七》

《守》二見，凡二見。

豪

862

易

3

象

65

350

350

350

文六十四

重五百二十一

銀雀山漢簡文字編

卷十

駢宇騫 編著

馬

208

435

946

驁

569

驁通傲　任治不～窮　569

《晏·八》

《晏》一見，凡一見。

驕

279

驩

384

驩通歡　……勉之～　384

《臏·殺士》

《臏》一見，凡一見。

騎

340

341

駕

532

534

535

537

歐

97 　860

歐乃「驅」之古文　辭强而□~者退也　97　《孫·行軍》

《孫》二見，《守》一見，凡三見。

馳

244

駔

408

騶

583

騶通趨　~富利若弗及　583　《晏·十》

《晏》一見，凡一見。

薦

561 　565

法

2 　34 　44 　75 　81

130 　155 　298 　298 　298

364 　365 　440 　574 　688

695 　749 　767 　776 　776

788 　804 　815 　829 　831

882 　891　894 　912 　921

966 　題 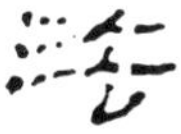　題 　題 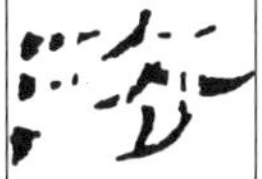　題

毚

687

毚通毚　是謂~文　687　《韜·五》

《韜》一見，凡一見。

兔

809

兔通斥　暮必置~者城外　809　《守·一》

《守》一見，凡一見。

免

555 　559 　591 　596

《說文》所無　今據段玉裁《說文解字注》排此。

狗

911 　943 　947

狼	猶	狂	獨	猛		犯	狀
686	368	472	305	677	649	130	543
	369		592			569	
	261		863			574	
	366		863			576	
	965		978			626	

猋　狭　能

猋

猋 412

猋通飆　~凡振陳　412　《臏·官一》

《臏》一見，凡一見。

狭

狭 686

《説文》所無　虎狼將~弭耳固伏　686　《韜·五》

《韜》一見，凡一見。

能

能 11　能 49　能 53　能 54　能 54

能 61　能 61　能 61　能 64　能 67

能 73　能 109　能 131　能 250　能 256

能 262　能 263　能 352　能 375　能 433

能 460　能 552　能 588　能 603　能 614

能 621　能 621　能 668　能 668　能 696

火

748
749
818
818
818

825
828
858
858
859

875
879
879
896
913

914
914
914
914
914

914
914
916
972
979

987
988

809

能通態　視敵進退變~請而爲長耳目城中　809　《守·一》

《守》一見，凡一見。

火

135
135
135
135
135

		然					
135	410	116	266	433	590	609	853
135		131	275	439	593	610	900
135		131	276	472	598	626	953
137		196	298	558	603	674	968
137		248	376	560	607	840	

熯

865

916

熯通難　不～遠道　865　《守·四》

《守》二見，凡二見。

焚

253

457

焚，簡文作「焚」，段玉裁《說文解字注》云：焚「乃焚之譌」。

燥

406

846

威

172

176

619

威通滅　大～有之　172　《孫·黃帝伐赤帝》

《孫》三見，《晏》一見，凡四見。

炤

炤

516

《說文》所無　炤通灼　～人之……　516　《尉·四》

《尉》一見，凡一見。

黑

173

347

547

黔

920

920

黥

942

赤

172　177　347　829

大

1　128　172　173　175

176　238　243　253　259

271　434　450　451　452

482　484　484　519　554

607　638　645　668　672

681　682　688　695　696

697　769　774　795　807

649	579	951	930	899	870	837	819
663	624	952	937	908	874	838	819
670	640	953	945	909	879	839	821
671	648	953	947	911	880	844	833
677	648		947	916	899	846	834

699 　699 　701 　710 　734

748 　750 　751 　752 　757

758 　760 　762 　765

大通太　文王問～公望曰　750

《韜·十四》

《韜》二十七見，《晏》二見，《守》一見，凡三十見。

542 　543 　544 　545 　545

546 　546

大通泰　師過～山　542

《晏·四》

《晏》七見，凡七見。

夾

243

奄

256

夷
250

亦
474
474
475
475
475

475
555
555

吳
117
154
154
155
160

317

喬
498

156
157
159
570

喬通驕　主～臣奢　156　《孫·吳問》

《孫》三見，《晏》一見，凡四見。

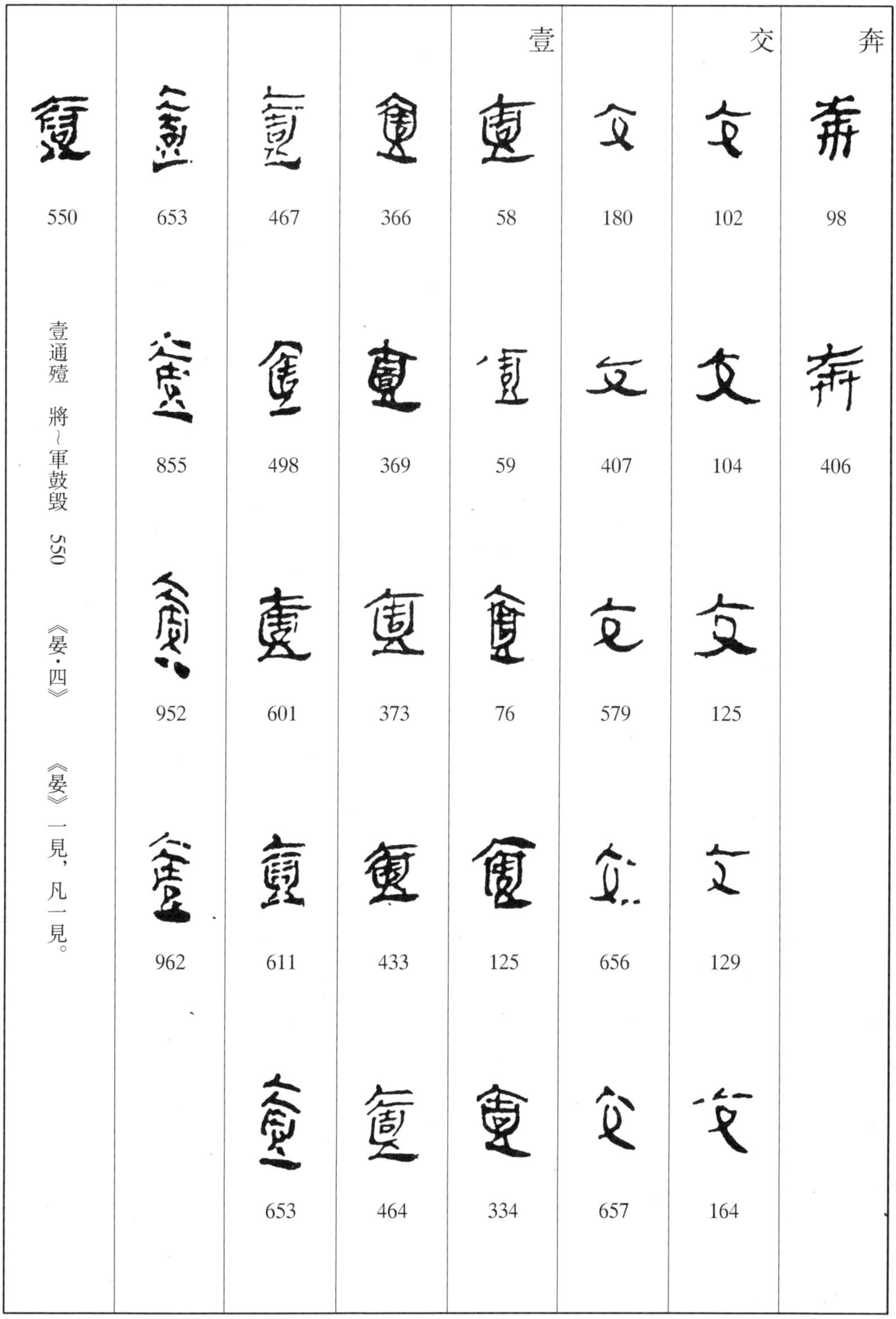

奔

98　406

交

102　104　125　129　164　180　407　579　656　657

壹

58　59　76　125　334　366　369　373　433　464　467　498　601　611　653　653　855　952　962　550

壹通殪　將~軍鼓毀　550　《晏·四》

《晏》一見，凡一見。

幸

336 　498 　868 　869

睪

463

睪通橐　甲不出～　463　《尉·一》

《尉》二見，凡二見。

⿱罒八

563

⿱罒八乃「睪」之省體，通澤　以毋偪川～　563　《晏·七》

《晏》一見，凡一見。

執

685

執通鷙　～鳥將執　685　《韜·五》

《韜》一見，凡一見。

圉

518 　519 　803 　805 　805

405 　411 　417 　418 　420

430

圉通御　～裹以嬴渭　405　《臏·官一》

《臏》六見，凡六見。

奢

156 　157 　159 　553

					夫	奚	皋
749	671	543	513	273	223	432	453
779	699	553	518	274	247	438	
789	726	593	520	349	248		
822	732	611	537	373	249		
841	733	635	542	462	260		

立規

843　844　845　845　846

859　887　893　895　896

897　935

規

64　210

立

98　163　284　380　403

436　456　542　543　592

618　661　765　899　919

928　949　967

67
721
立通位 武王即～ 721 《韜·十》
《孫》一見，《韜》一見，凡二見。

端
49
900
901

思
621

慮
139
478
469
慮通攄 左提鼓右～枹 469 《尉·一》
《尉》一見，凡一見。

心
204
338
367
472
497
503
612
612
703

息
245
300
301
491
552

		志		意	悳		
624	947	125	500	2	728	669	908
669		261	543	267		686	920
944		279	561	561		726	959
946		294		565		819	
947		393		687		821	

悳通德　君秉明～而誅之　726　《韜·十》

《韜》六見，《守》五見，凡十一見。

應

281　294　312　461　515

768　784

354

應通膺　發於肩~之間　354

《臏·勢備》

《臏》一見，凡一見。

忠

328　328　328　373　579

651　651　825

念

677

恬

687

懷

659　660　661　862

恃

95

126

急

263

273

274

274

275

276

276

277

293

447

558

愚

622

686

696

696

怠

857

928

佛

409

422

忘

273

344

惑 343 687

忌 234 240 243 269 272 272 274 275 278 278 280 284 292 292 294 295 301 301 305 306 307 310

忿 275

怨 503 530 560

怒			惡	悔	悲	惔	感
6	542	549	115	196	818	687	915
140	543	549	118			惔通淡 恬~隨意 687 《韜·五》 《韜》一見，凡一見。	
140	543	570	324				
244	544		605				
349	545		834				

患

24

85

269

270

270

271

913

恐

550

846

忍

195

725

慔

590

591

《説文》所無

慔通嘆　～終而笑　590　《晏·十二》

《晏》四見，凡四見。

⿱癸心

827

《説文》所無

……事之～重法而輕利　827　《守·二》

《守》一見，凡一見。

文九十

重五百零七

銀雀山漢簡文字編

卷十一

駢宇騫　編著

水

36　49　66　93　138

186　186　188　344　345

345　345　345　345　410

516　808　821　870　871

河

727　864

涷

668

涷通凍　無～餒之民　571　《晏·八》

《晏》一見，《韜》一見，凡二見。

温

140

141

374

温通愠　將不可以～戰　140　《孫·火攻》
《孫》二見，《臏》一見，凡三見。

沮

106

415

涂

241

242

242

243

870

239

239

605

涂通途　遭晏子於～　605　《晏·十三》
《臏》二見，《晏》一見，凡三見。

渭

405

633

590

渭通喟　～然嘆曰　590　《晏·十二》
《晏》一見，凡一見。

沇

744

沇通允　～哉日不足　744　《韜·十》
《韜》一見，凡一見。

泠

593

泠通陵　君人者豈以～民　593　《晏·十二》
《晏》一見，凡一見。

深	溜	淩	瀑	沂	洋	治	
 64	 344	 961	 843	 90	 366	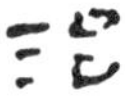 47	 253
 163	溜通流　迎陵逆～ 344　《臏·地葆》　《臏》一見，凡一見。	淩通凌　武者所以～敵分死生也 961　《守·十》　《守》一見，凡一見。	 846			 50	 340
 870						 50	 365
 871						 80	 389
						 80	 471

泥	濡	濟					
 617	 870	 118	 965	 859	 818	 814	 568
泥通尼　仲~之齊　617　《晏·十五》　《晏》二見，凡二見。				899	818	814	569
				 914	 818	 817	 571
				 914	 823	 817	 618
				 919	 828	 818	 729

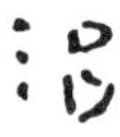

海 251　468　566　907

涓 234　234　245

泫 416

泫通眩　所以～疑也　416

《臏·官一》

《臏》二見，凡二見。

浮 415

氾 408　453

氾通范　擒～皋　453

《臏·强兵》

《臏》一見，凡一見。

澤 347　870　871　955　205

澤通釋　七周而～之　205

《孫·見吳王》

《孫》一見，凡一見。

淫

622

淺

123

163

256

871

淖

870

沙

408

池

295

769

《說文》所無　依段玉裁《說文解字注》排此。

洫

35

45

45

洫通鎰　勝兵如以～稱銖　45　《孫·形乙》

《孫》四見，凡四見。

漢代文字多以「洫」爲「溢」（馬王堆帛書、武威簡本《儀禮》皆如此）。疑此字本從「皿」從「水」，乃「益」字之異體，通「鎰」。古時重量單位。

溝

413

870

渠	潤	決	注		津	泛	没
682	415	35	345	144	413	126	624
	潤通簡　~練剽便　415　《臏·官一》　《臏》一見，凡一見。	45	345	注通主　……之~也　144　《孫·用間》　《孫》一見，凡一見。	870		
			484		954		

漬

135

漬通積　二日火～　135　《孫·火攻》　《孫》一見，凡一見。

涸

821

渴

639

821

渴通竭　以祿取人人可～　639　《韜·一》

《韜》一見，《守》三見，凡四見。

汗

69

75

汗通迂　知～直之計者也　69　《孫·軍爭》　《孫》二見，凡二見。

626

汗通蠖　臣聞尺～食黃其身黃　626　《晏·十六》　《晏》一見，凡一見。

湯

176

256

350

546

546

549

浴

904

   泟 溪 洳

905

955

浴通谷　半爲山林溪～ 905　《守·七》

《守》二見，凡二見。

汲

98

泰

327

295

泰通太　擒～子申 295　《臏·陳忌問壘》

《臏》一見，凡一見。

涕

115

泟

390

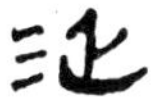
395

《說文》所無　泟通延　務在～氣 390　《臏·延氣》

《臏》二見，凡二見。

溪

905

955

《說文》所無　其半爲山林～谷 905　《守·七》

《守》二見，凡二見。

洳

270

870

《說文》所無　三里沮～將患軍…… 270　《臏·威王問》

《臏》一見，《守》一見，凡二見。

澱

871

《說文》所無　澱通測　～水深淺　871　《守·四》

《守》一見，凡一見。

瀟

270

《說文》所無　瀟通沮　三里～洳將患軍……　270　《臏·威王問》

《臏》一見，凡一見。

澄

76

《說文》所無　澄通既　……～疑　26　《孫·謀攻》

《孫》二見，凡二見。

 流

93

263

 涉

271

 川

347

563

563

565

 巠

369

827

828

828

巠通輕　重法而～利　827　《守·二》

《守》七見，凡七見。

原

14

172

谷

408

谿

347

冬

668

672

903

48

552

冬通終　～而復始　48　《孫·勢》

《孫》一見，《晏》一見，凡二見。

雨

93

864

靁

31

745

863

霃

955

霃通沈　美～澤蒲葦……　955　《守·九》

《守》一見，凡一見。

屚	雲	侌	魚			鯉	鯢
 846 屚通漏　恐處藏之空～　846　《守·三》 《守》一見，凡一見。	 405  411  420  476	 638	 627  627  628  638  639	 821	 484  484  563 魚通漁　毋敢多畋～　563　《晏·七》 《尉》六見，《晏》一見，凡七見。	 614	 476 鯢通霓　如雲～覆人　476　《尉·一》 《尉》一見，凡一見。

非　翼　龍　燕　漁

漁	燕	龍		翼	非		
633	153	412	682	408	22	115	247
634	450	425	龍通隆　無衡~而攻　682　《韜·五》　《韜》一見，凡一見。	415	22	128	248
635				602	30	139	249
				685	40	143	257
					101	191	273

274　274　275　276　352

353　356　369　546　550

565　583　584　622　631

641　732　749　781　790

818　840　840　857　879

912　966

靡

靡

517

文七十七

重一百七十八

銀雀山漢簡文字編

卷十二

駢宇騫　編著

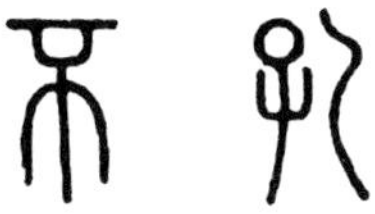

孔

 620

不

 1
 11
 31
 32
 37
 42
 49
 53
 54
 55
 56
 58
 61
 61
 61
 72
 75
 83
 85
 99
 109
 111
 112
 113
 114

242	217	195	167	163	162	140	120
244	226	195	168	164	162	140	122
248	238	199	188	166	163	140	125
248	239	205	189	166	163	145	127
248	240	211	195	167	163	148	128

334	329	327	326	303	277	257	251
334	330	328	326	320	283	266	251
335	331	328	326	325	293	267	256
335	331	329	326	325	293	268	256
336	334	329	326	325	301	271	256

336	345	353	365	369	374	413	462
336	349	353	366	371	374	432	462
336	351	354	366	373	376	439	462
343	352	354	366	373	399	441	464
345	352	365	367	374	400	458	467

559	552	519	514	500	490	478	468
559	553	520	516	503	495	478	469
560	555	521	517	505	495	478	470
569	556	544	517	508	498	487	471
569	559	545	518	513	498	487	477

622	614	605	596	588	583	576	570
623	621	605	596	590	583	577	574
626	621	612	598	592	584	579	574
626	621	614	599	593	584	579	575
628	621	614	599	593	588	579	575

637

651

659

659

668

668

677

678

678

680

682

688

693

694

695

697

697

701

723

723

733

739

739

748

749

766

776

783

785

801

811

813

813

818

818

818

818

818

818

823

825	858	859	865	876	904	907	910

828	858	859	867	887	904	908	911

852	859	859	868	899	904	909	911

858	859	864	869	899	904	910	911

858	859	864	875	903	905	910	911

912

919

919

938

940

952

955

972

988

989

989

579

不通否　順則進～則退　579　《晏·十》

《晏》一見，凡一見。

至

49

53

93

117

117

143

174

174

176

222

234

234

245

352

354

443

449

527

527

565

674

680

727

736

855

855

876

912

931

971

255

至通致　素佚而～利也　255　《臏·見威王》

《臏》一見，凡一見。

到

417

臺

221

532

552

552

554

598

602

605

西

178

244

户

804

252

户通扈　亡有～氏中國　252　《臏·見威王》

《臏》一見，凡一見。

門

253

543

554

592

595

880

546

門通問　嬰請～湯　546　《晏·四》

《晏》一見，凡一見。

闠

133

闔

405

間

64

145

145

146

146

147

148

151

251

326

330

354

545

886

闌

863

闌通練　以～精材　863

《守·四》

《守》一見，凡一見。

閑

476

682

關

458

515

耳

76

442

473

686

810

聖

349

374

640

671

686

692

696

700

814

聽

111

223

268

272

365

	職	聲		聞			
365	886	417	678	149	294	612	764
517	935	548	911	195	557	614	899
811	936	599		216	601	626	908
		601		234	601	640	911
		619		284	607	739	912

913

988

聾

473

808

聶

398

聶通懾　氣不厲則～　398　《臏·延氣》　《臏》二見，凡二見。

415

《說文》所無　所以莠～也　415　《臏·官一》　《臏》一見，凡一見。

416

《說文》所無　聭通餌　所以～敵也　416　《臏·官一》　《臏》二見，凡二見。

手

628

指

786

拱

899

899

拜	䒠拜	扶	持	摯	挾	提	授
212	644	704	282	702	243	469	604
260	755						
	764						
	拜或從「艸」作「䒠拜」　通拜　文王再～　755《韜·一四》《韜》六見，凡六見。						

投 撓 舉 振 撟 揄

投

112

116

297

795

撓

911

舉

257

258

299

344

491

871

《玉篇·手部》：「舉，《説文》曰，對舉也。今作舉。」

⿱与手

786

938

⿱与手乃「舉」之省體 ～手指麾 786 《守·一》 《守》二見，凡二見。

振

412

745

撟

382

揄

272

損

854

失

100

155

269

269

269

363

397

625

697

732

732

815

872

963

967

53

失通佚　先處戰地而待戰者～　53《孫·實虛》

《孫》二見，凡二見。

挩

257

挩通奪　以禁爭～　257《臏·見威王》

《臏》一見，凡一見

拔

22

130

166

技

935

拙

397

捶

899

899

捶通垂　～拱倚立談語　899　《守·七》

《守》二見，凡二見。

擊

59

66

80

117

117

242

243

252

252

356

515

859

捐

70

⿰扌廡

331

《說文》所無　⿰扌廡通撫　故～時而戰　331　《臏·月戰》

《臏》一見，凡一見。

担

515

《說文》所無　担通但　～擊其後　515　《尉·三》

《尉》一見，凡一見。

撰　搕　扢　脊　女　姓

撰

326

《說文》所無　撰通選　～卒　326　《臏·篡卒》

《臏》一見，凡一見。

搕

503

《說文》所無　～戰毋勝兵　503　《尉·二》

《尉》一見，凡一見。

扢

669

《說文》所無　逆則～之……國家和服　669　《韜·三》

《韜》一見，凡一見。

脊

541

脊通瘠　～者□歲　541　《晏·三》

《晏》一見，凡一見。

女

780

204

204

610

677

女通汝　～能請鬼神殺梟而不能益寡人壽乎　606　《晏·十三》

《孫》六見，《晏》二見，《韜》一見，凡九見。

姓

14

妻

787

788

婦

149

206

513

母

433

母通無　畢～爲右 433 《臏·五教法》

《臏》一見，凡一見。

姑

729

威

214

247

258

258

259

260

261

262

263

266

267

267

268

268

284

290

449

500

699

875

963

婢

596

奴

354

奴通弩　何以知弓～之爲勢也　354

《臏·勢備》

《臏》一見，凡一見。

始

134

208

673

好

191

191

191

191

473

529

556

558

583

681

687

688

委

72

249

250

922

題

409

422

委通透　秦幃以～迤　409　《臏·官一》

《臏》二見，凡二見。

婉

156

158

159

婉通畹　以八十步爲～　156　《孫·吳問》

《孫》三見，凡三見。

如

35

35

45

45

49

116

163

169

284

432

435

476

479

553

697

745

745

809

817

817

817

829

829

830

863

863

863

974

989

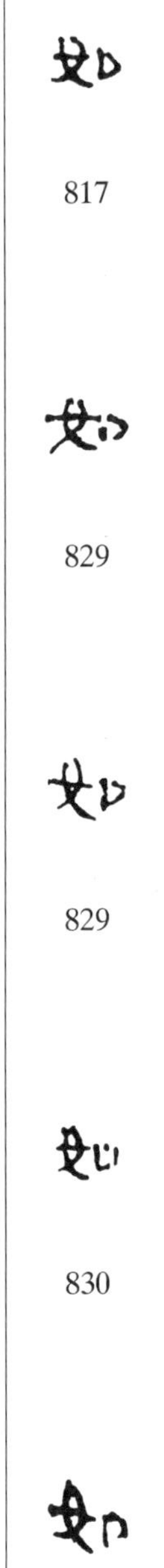

嬰		佞	妨	婁	奸	姦	毋
532	608	580	530	898	561	95	63
546	612	584	妨通防　以刑罰自～者　530　《晏·一》　《晏》一見，凡一見。	婁通鏤　雕文刻～　898　《守·七》　《守》一見，凡一見。	奸通干　意者體可～福乎　561　《晏·七》　《晏》一見，凡一見。	524	89
550	614					786	155
557	614					810	259
596	780						266

808	788	766	650	563	462	288	267

809	791	766	651	563	515	348	278

872	804	772	651	610	541	348	278

873	806	772	655	644	562	348	278

876	806	785	684	649	562	348	278

民

879 879 879 882 912

947 976

49 113 149 503 503

503 570 682 682 717

722 865

毋通無　殺戮～常 722 《韜·十》 《孫》五見，《晏》三見，《尉》三見，《韜》五見，《守》八見，凡二十四見。

民

2 2 35 45 76

76 87 103 103 160

161 177 213 251 268

697	678	621	574	564	553	376	273
699	681	622	575	568	557	376	323
699	684	643	575	569	557	462	337
704	684	668	585	573	558	479	338
716	697	671	615	574	562	527	373

弗

756 770 815 819 820

824 829 868 869 905

912 912 913 913 915

920 927 934 935 943

947 948 951

弗

2 167 169 245 250

257 310 327 329 329

338 375 516 532 535

			弋	也			
546	595	914	629	1	12	42	63
574	614	915		2	22	45	69
574	694	915		3	35	54	75
583	696			3	39	55	76
583	846			4	41	60	88

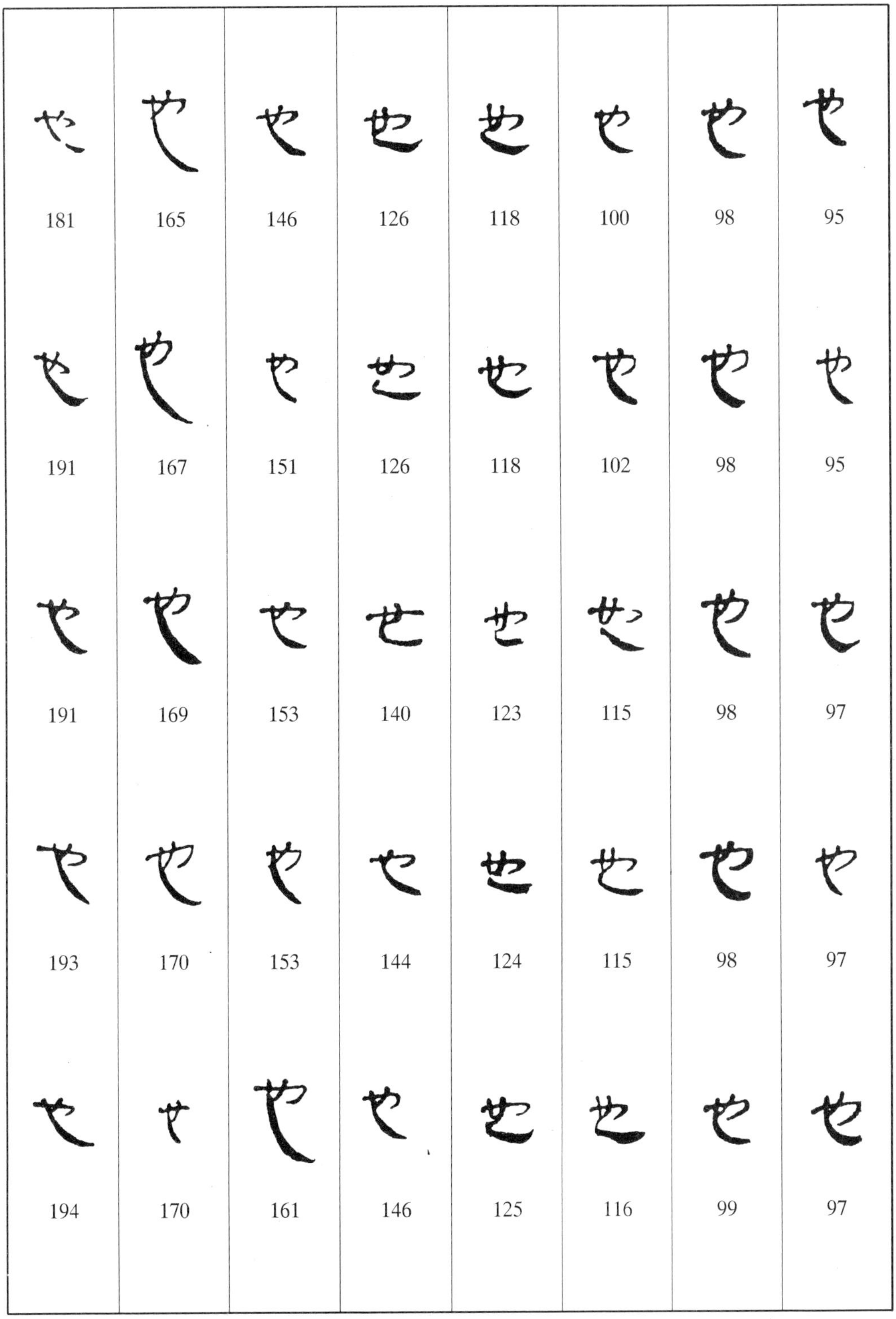
95
95
97
97
97
98
98
98
98
99
100
102
115
115
116
118
118
123
124
125
126
126
140
144
146
146
151
153
153
161
165
167
169
170
170
181
191
191
193
194

 273	 269	 268	 248	 242	 221	 208	 194
 274	 269	 268	 249	 242	 223	 213	 195
 274	 270	 269	 249	 247	 228	 213	 199
 275	 271	 269	 257	 247	 238	 213	 205
 275	 273	 269	 261	 247	 239	 216	 208

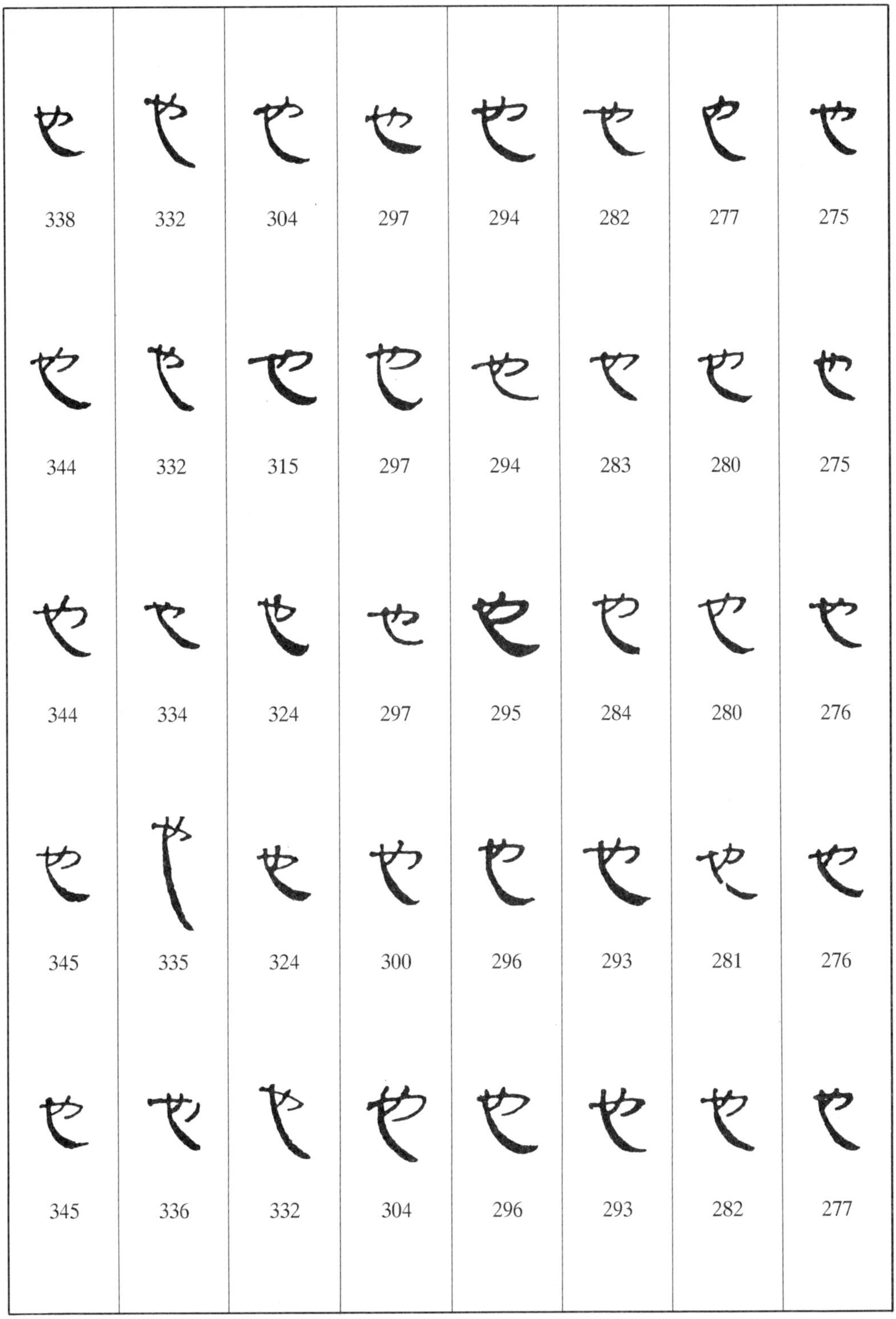
275
275
276
276
277
277
280
280
281
282
282
283
284
293
293
294
294
295
296
296
297
297
297
300
304
304
315
324
324
332
332
332
334
335
336
338
344
344
345
345

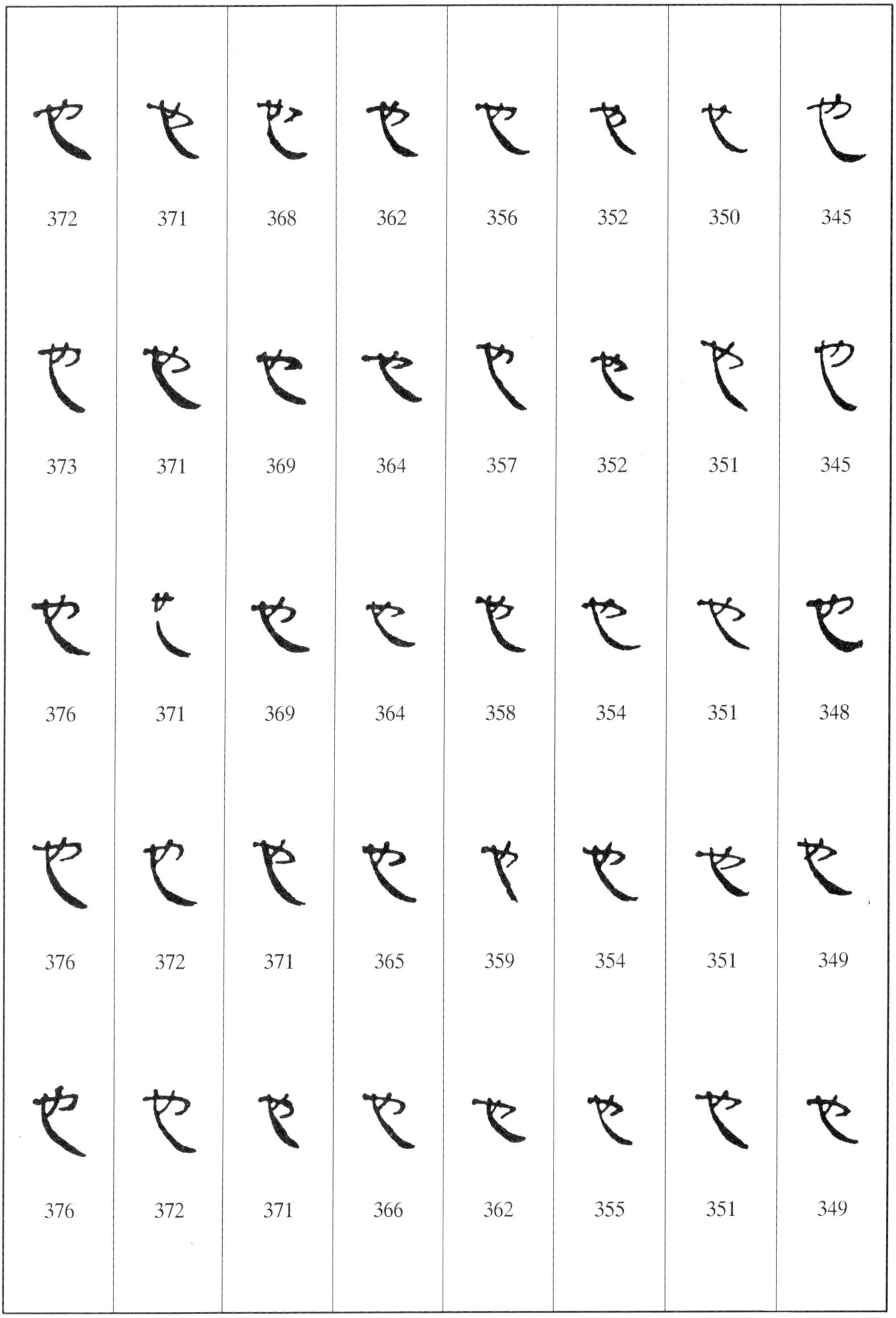

345	350	352	356	362	368	371	372
345	351	352	357	364	369	371	373
348	351	354	358	364	369	371	376
349	351	354	359	365	371	372	376
349	351	355	362	366	371	372	376

473	454	428	416	415	413	411	377
497	463	434	416	415	413	412	391
497	464	442	417	415	414	412	392
501	473	447	417	415	414	412	394
508	473	453	417	416	414	412	411

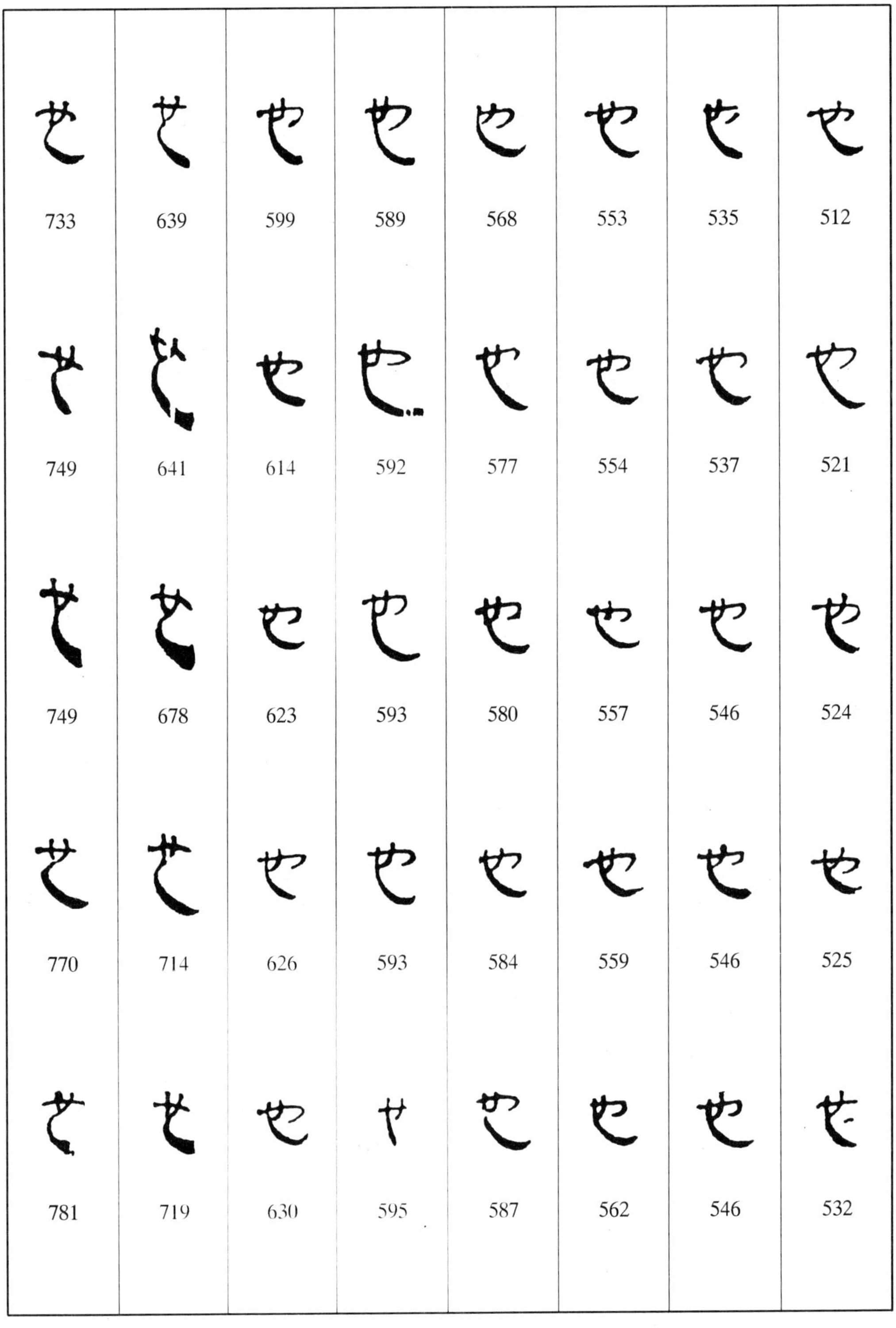
512
521
524
525
532
535
537
546
546
546
553
554
557
559
562
568
577
580
584
587
589
592
593
593
595
599
614
623
626
630
639
641
678
714
719
733
749
749
770
781

941	918	912	882	857	838	821	795
951	919	913	899	858	840	822	804
959	921	915	901	859	844	824	804
960	930	917	901	873	846	834	812
962	937	918	912	875	857	838	812

氏

965

968

974

982

985

317

317

戎

434

660

947

255

653

899

900

900

戎通農　～壹其鄉則□□　653　《韜·二》

《臏》一見，《韜》一見，《守》三見，凡五見。

𢧢

772

774

800

840

戟

298

戟乃「𢧢」之別體

賊

112

賊通測　爲不可～　112　《孫·九地》

《孫》一見，凡一見。

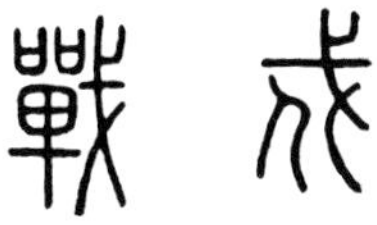

戌 522 978 981

戰 9 23 32 35 45 51 53 53 53 53 58 60 61 76 76 105 109 109 140 140 158 159 177 238 247 247 250 255 255 255 261 282 320 323 324

330

331

331

331

332

332

332

332

336

338

340

344

351

389

405

406

408

412

413

432

463

464

468

483

503

503

503

768

768

819

858

860

860

964

964

978

978

或　戋　武

或

384 　385 　386 　387 　388

938

或通域　千人爲～　938　《守·九》

《守》二見，凡二見。

戋

22 　550

戋通灾　軍必有～　550　《晏·四》

《孫》一見，《晏》一見，凡二見。

62 　149 　268 　612

戋通哉　善～問事君　612　《晏·十四》

《孫》三見，《臏》一見，《晏》二見，凡六見。

戠

677

戠通哉　謀念～　677　《韜·五》

《韜》一見，凡一見。

678 　678

戠通灾　人道無～　678　《韜·五》

《韜》二見，凡二見。

武

174 　256 　327 　350 　407

713　721　960　961

戟

859　962　965　967　967

《說文》所無

戟通陳　不明其士卒弗先～　859　《守·四》

《守》七見，凡七見。

我

我

58　58　59　257　260

260　261　262　263　266

677　677

590

我通俄　～而不用　590　《晏·十二》

《晏》一見，凡一見。

義

義

249　250　257　284　560

直

亾

571	819	羛 723	583	直 69	688	299	亾 1
574	908	747	義通議　身殷存所～而好論賢不肖　583　《晏·十》　《晏》一見，凡一見。	75	688	直通置　……去守五里～侯　299　《臏·陳忌問壘》　《臏》一見，凡一見。	72
596		920		243	712		72
629		959		343			107
756		羛乃「義」之或體		343			131

	无			無			
72	47	481	217	42	688	285	154
93	48	513	321	115	852	416	244
130	58	521	374	116	933	593	247
160	66		375	120	934	594	248
250	66		469	130	976	594	252

250

250

267

268

275

279

285

297

349

351

352

353

353

433

527

527

549

555

558

558

571

584

587

592

599

600

678

681

687

700

725

730

804

867

867

868

875

903

903

905

无	區	匿	匹	曲	瓦	弓	張
911	938	95	821	404	807	350	278
915		412	822	409	807	354	366
915				505	812	354	702
953				688		624	800
无同「無」。《說文·亡部》云：「無，亡也。无，奇字无。」				695			858

引	弘	弩					
210	253	263	298	364	479	801	973
279		280	341	365	514	835	
		282	350	366	768	836	
		292	354	370	772	836	
		298	364	371	800	840	

發

135

137

149

223

280

282

296

354

462

486

528

528

689

959

發通癈　弱國之所以不能~也　959　《守·十》

《守》一見，凡一見。

971

發通伐　全功~之得　971　《守·十》

《守》二見，凡二見。

紖

620

624

627

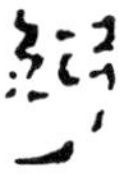
627

630

835

836

紖乃「弦」之異體，《康熙字典·系部》：「紖，與弦同。」

以賜~章　627　《晏·十六》

《晏》六見，《守》二見，凡八見。

弭

686

《說文》所無　虎狼將狭~耳固伏　686　《韜·五》

《韜》一見，凡一見。

繇

839

繇乃「系」之籀文　其～尺 839《守·三》

《守》一見，凡一見。

孫

154

154

191

196

207

219

228

230

238

240

240

240

243

244

245

246

247

258

258

260

260

262

263

266

267

268

268

269

272

272

273

274

276

278

278

389	339	326	319	310	300	284	279
403	343	327	322	312	300	288	280
448	349	330	323	315	301	292	281
	372	332	324	317	301	293	283
	378	336	325	317	304	295	283

由

163

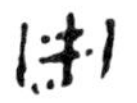

163

《說文》所無　段玉裁《說文解字注》云：「古繇、由通用一字。」今據段注排此。

文一百一十二

重一千四百一十四

經 紀 絶

銀雀山漢簡文字編

卷十三

駢宇騫 編著

經

338 511 870

紀

146 343 463 504 668 826

絶

239 247 282 344 470 865

𢇍

416

𢇍乃「絶」之古文 通斷 捘～藩薄 416 《臏·官一》

《臏》二見，凡二見。

繼	[日/糸]	繚	繞	結	給	終	練
 247	 898	 276	 409	 404	 111	 226	 415
	[日/糸]通纂　黼黻～組　898 《守·七》 《守》一見，凡一見。	繚通料　～敵計險　276 《臏·威王問》 《臏》一見，凡一見。		 411	 478	 303	
				 503	 810	 590	
						 673	

緣	纍		維	紂	繳	績	絜
 474	 372	 621	 686	 176	 800	 63	 393
		纍通累　～壽不能殫其教　621　《晏·十五》　《晏》一見，凡一見。		 256			
				 554			

縊　緍　紱　結　繖　繲　素

縊 596	638　638　639 《説文》所無　衾～重餌大魚食之　638　《韜·一》 《韜》三見，凡三見。	898 《説文》所無　紱通黻　黼～纂組　898　《守·七》 《守》一見，凡一見。	125 《説文》所無　吾將固其～　125　《孫·九地》 《孫》一見，凡一見。	839　839　839 《説文》所無　長～方十尺～長四尺　839　《守·三》 《守》三見，凡三見。	898 《説文》所無　簡文「繲」當爲「綫」之異體　針～之事　898　《守·七》 《守》一見，凡一見。	素 103　135　213　255　268　268　284

絲

835

雖

11　330　335　373　433

607

608

雖通唯　～政順□□可以益壽　608　《晏·十三》

《晏》一見，凡一見。

强

18　50　50　97　249

250　260　261　262　323

340　359　415　702　875

910　918

蜀

255

蜀通涿　黄帝戰～鹿　255　《臏·見威王》

《臏》一見，凡一見。

253

640

640

640

861

861

868

蜀通獨　聖人～知～聞～見　640　《韜·一》

《臏》一見，《韜》四見，《守》三見，凡八見。

蛾

777

蛾通蟻　客四面～傅之　777　《守·一》

《守》一見，凡一見。

⿰虫冓

295

《説文》所無　⿰虫冓通溝　所以當～池也　295　《臏·陳忌問壘》

《臏》一見，凡一見。

蟻

243

《説文》所無　直將～傅平陵　243　《臏·擒龐涓》

⿺辶亞

271

《説文》所無　壁延不得者～寒也　271　《臏·威王問》

蚤

349

蚤通爪　前～後距　349　《臏·勢備》

《臏》一見，凡一見。

497

867

蚤通早　發動必~　497　《尉·二》

《尉》一見，《守》一見，凡二見。

逢

352

蓬

339

蓬、逢皆「蠭」之別體　通鋒　誨陣有~　339　《臏·八陣》

《臏》二見，凡二見。

夆

353

353

夆乃「蠭」之省體　通鋒　有~有後　352　《臏·勢備》

《臏》二見，凡二見。

蜚

582

800

863

864

蜚通飛　起如~鳥　863　《守·四》

《守》三見，凡三見。

盅

620

盅乃「蟲」之省體

風

138

281

282

344

720

863

它

164

840

黿

813

二

1

34

44

135

158

159

161

177

178

198

242

250

328

329

340

348

525

542

543

738

774

795

800

804

809

	凡			恆	亟		
135	4	966	675	66	94	901	811
178	9	967	699	116	133	947	832
343	92		801	247	323	947	836
344	106		811	324		950	839
350	122		965	325		983	900

357

359

362

403

412

499

503

643

740

830

898

912

題

土

461

463

504

669

918

923

地

1

2

3

34

39

48

53

53

55

59

61

63

66

83

104

 104	 109	 125	 126	 168	 248	 317	 344
 105	 124	 125	 126	 178	 267	 337	 344
 105	 124	 125	 131	 180	 269	 341	 346
 105	 124	 126	 154	 181	 270	 342	 346
 108	 125	 126	 162	 189	 294	 343	 347

均

347　348　348　407　456

456　523　602　604　670

746　854　865　869　872

895　896　923　938　949

524　879　936　949　950

壞

346

凷

570　627　628　629

凷，從「土」從「凵」，爲「坎」之異體，與《説文·土部》「塊」之異體似非一字。

簡文「凷」通「諂」　今諸臣~諛以戈利　628　《晏·十六》　《晏》四見，凡四見。

基 堵 壁 堂 在

基	堵	壁	堂	在			
 870	 582	 269	 80	 28	 153	 322	 323
	堵通睹 ～貪窮若弗式 582 《晏·十》 《晏》二見，凡二見。	 271	 185	 37	 153	 322	 323
			 905	 37	 247	 322	 341
				 152	 262	 322	 341
				 153	 262	 323	 341

364	390	660	893	坐 207	封 522	351	壐 617
364	500	776	915	272	617	封通鋒　劍无～　351　《臏·勢備》　《臏》一見，凡一見。	841
389	502	785	982	967	695		842
389	569	801					
389	642	801					

城

璽

198

籀文從「玉」作「璽」

581

壐通璽　竊求君之比~……　581　《晏·十》

《晏》一見，凡一見。

城

106　166　166　167　240

242　243　244　249　406

456　456　513　768　769

776　783　789　789　794

795　800　801　801　807

808　809　809　810　810

811 812 812 812 923

923

埤

279 797

554 555

埤通卑（小者有罪 554《晏·五》）《晏》二見，凡二見。

塞

485 515 627 852

壘

278 279 292 295 298

441

毁

261 281 357 508 550

811

811

812

844

846

埻

46

墓

348

385

347

《說文》所無

垎通隙　天離天～　347

《臏·地葆》

《臏》一見，凡一見。

296

《說文》所無

所以當俾～也　296

《臏·陳忌問壘》

《臏》一見，凡一見。

堯

250

251

251

255

257

94

《說文》所無

天井天窖天離天～天郄必亟去之　94

《孫·行軍》

《孫》一見，凡一見。

里

54

62

71

270

576

野

576 743 768 769 769

832 926 937 974

189

里通理　人情之~　189　《孫·地形二》

《孫》一見，凡一見。

野

177 687 867 938

⿱予土

534

⿱予土爲「野」之古體　昔衛士東~之駕也　534　《晏·二》

《晏》一見，凡一見。

田

田

155 158 158 159 176

269 272 272 274 275

278 278 280 283 284

當	畛	畋					
118	156	497	563	948	937	307	292
239	159	870	田通畋　毋敢多～漁　563　《晏·七》 《晏》一見，凡一見。	951	937	310	294
243		933		952	937	840	295
244		937		952	938	932	301
258		937			938	935	306

295　295　296　297　464

510　510　621　677　765

782　798　803　803　855

863　953　953　955　955

978

畱

留

125　139　271　374　623

882

345

留通流　不～死水也　345　《臏·地葆》

《臏》一見，凡一見。

畜	⿰田屯	黃		男	力		功
820	521	92	626	194	31	375	32
943	《說文》所無	172	627		164	495	139
943	……離其～鄰 521	255	727		166	701	158
946	《尉·四》	347			280	748	159
	《尉》一見，凡一見。	350			282	879	216

283

283

358

359

370

463

668

825

971

971

981

267

682

868

872

功通攻　～其无備　267　《臏·威王問》

《臏》一見，《韜》一見，《守》二見，凡四見。

助

93

264

681

947

務

389

389

389

390

574

677

696

696

927

934

勁 勉 勸 勝

	勁	勉	勸	勝			
934	242	384	505	3	34	41	64
936	280	402	506	26	34	42	66
	282		531	28	35	42	66
	304		659	28	37	45	247
	514		659	32	37	49	248

248
249
274
275
283
320
320
322
324
325
325
325
325
325
325
326
330
331
332
332
334
334
338
345
346
346
346
346
346
346
346
347
347
347
347
347
371
408
417
457

勝 463 463 463 463 463

勝 463 463 463 464 464

勝 468 474 475 475 475

勝 479 482 483 495 498

勝 503 504 517 678 857

勝 860 860 960 964 965

勶

123 362 570

勶通徹 四～者衢地也 123 《孫·九地》

《孫》一見，《臏》一見，《晏》一見，凡三見。

勞

54 80 99 112 279

	券	加	勇		恿	劫	飭

 491	 354	 477	 116	 352	 50	 417	 819
 575		 491	 118	 613	 50		 821
 697		 492	 259	 626	恿乃「勇」之古文　怯生於~　50　《孫·勢》　《孫》二見，凡二見。		 920
 913		 570	 322	 869			 971
		 988	 336				

勭

620

621

飭通飾　孔丘盛爲容～以盅世　620　《晏·十五》　《晏》三見，凡三見。

30

39

51

52

75

163

249

272

278

298

339

353

604

610

676

686

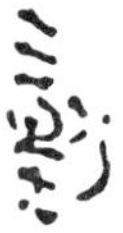
698

863

《説文》所無
勭通動　皆待令而～　339　《臏·八陣》

文九十六

重六百二十五

銀雀山漢簡文字編

卷十四

駢宇騫 編著

金 鐵 鋌 錯 鍼

金

75

207

364

404

419

517

522

811

鐵

811

837

837

鋌

352

錯

42

64

406

409

947

鍼

898

鍼乃「針」之古體

～綫之事 898 《守·七》

《守》一見，凡一見。

鑿

253

852

882

銛

773

837

837

鋸

474

349

鋸通距　前爪後～　349　《臏·勢備》

《臏》一見，凡一見。

錐

280

281

411

鈞

266

344

鈞通均　迎衆樹者～舉　344　《臏·地葆》

《臏》二見，凡二見。

銜

809

釣

412

鐖

836

《說文》所無 鐖，通機 造～弩三 835 《守·三》

《守》二見，凡二見。

處

處

53 53 91 95 242

294 432 614 845 846

且

且

113 250 260 279 557

776 907

狙

870 870

《說文》所無 狙通沮 丘虛～澤 870 《守·四》

《守》二見，凡二見。

斤

斤

953

斧

斧

838 853 971

斧

255

斧通補　神農戰～遂 255 《臏·見威王》

《臏》一見，凡一見。

斲

680　796　805

斲通斸　后可以守及便～ 796 《守·一》

《韜》一見，《守》三見，凡四見。

斦

63

斦乃「斲」之異體　通斸　可毋～也 63 《孫·實虛》

《孫》一見，《臏》一見，凡二見。

所

30　42　57　59　60

83　95　113　116　162

162　163　164　166　168

185　216　240　242　246

247　248　248　273　273

413	411	359	321	296	293	281	274

413	411	362	334	296	293	282	274
						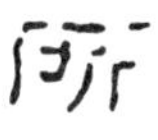	
414	412	372	334	296	294	282	275
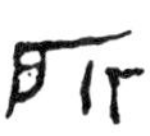						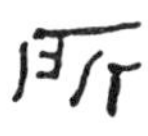	
414	412	391	354	297	295	282	275

414	412	392	358	297	295	283	276

 716	 675	 583	 555	 441	 417	 416	 414
 716	 692	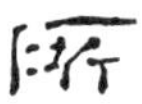 622	 574	 442	 428	 416	 415
 740	 692	 629	 574	 492	 429	 417	 415
 794	 696	 648	 574	 541	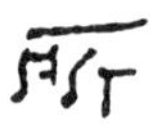 435	 417	 415
 800	 703	 671	 575	 550	 436	 417	 416

⿰單斤

801	872	935	斷 242	新 582	565	斗 804	937
806	892	935	389		《說文》所無　⿰單斤通祈　祝宗～福　565　《晏·七》　《晏》二見，凡二見。	807	937
811	917	946	394			808	941
852	918	949				903	943
853	918	960				937	946

升	矛	車				輜	輕
945	512	17	341	433	795	70	97
945		97	350	434	834	135	124
		244	411	435	870	245	244
		295	414	438			258
		340	424	462			365

368

615

879

1
輕通經　故～之以五　1　《孫·計》
《孫》一見，凡一見。

輿

404

410

592

593
輿通歟　有食乎諂人之言～　627　《晏·十六》
《晏》三見，凡三見。

輯

279

軫

300

軍

24

69

69

69

69

75

90

97

99

116

871	437	394	389	270	234	164	140
974	441	402	391	278	234	164	147
981	550	405	391	335	235	165	154
982	858	417	393	348	243	188	164
983	859	435	393	389	258	214	164

輸

輸

410

輪

輪

870

輂

䡨

414

斬

斬

776

787

809

811

895

967

978

較

242

《説文》所無

環涂～甲之所處　242　《臏·擒龐涓》

《臏》一見，凡一見。

官

官

403

403

604

610

635

717

729

810

814

817

	阜	陵			陰		陽
818	346	43	240	870	172	372	2
828		188	243		173	679	93
844		238	244		176	陰爲「陰」之異體	238
876		239	344		177		343
935		239	407		343		372

陸　隅　險　陝

408
421
633

547

陽通揚　倨身而～聲　547　《晏·四》

《晏》一見，凡一見。

陸

870

隅

801

險

264
270
271
276
278

325
341
341
407
408

409
436
870
870

陝

158
880

陝通狹　高下廣～遠近險易死生也　3　《孫·計》

《孫》三見，《守》一見，凡四見。

陷

131　349

陷通含　夫~齒戴角　349　《臏·勢備》

《臏》一見，凡一見。

降

89　167　348　621

隄

93

陘

153

隱

412　439　873

陳

98　241　292　345　345　346　405　407　412　412

414

463

516

188

198

259

264

268

272

281

282

282

304

336

338

338

339

339

339

342

343

348

350

351

351

351

365

403

405

405

408

411

411

411

414

416

陳通陣 用八～之宜 339 《臏·八陣》

《孫》五見，《臏》四十二見，凡四十七見。

除	陛	隘	隧	四			
 898	 552	 294	 415	 2	 135	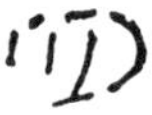 250	 670
				 34	 161	 342	 730
				 81	 175	 350	 772
				 92	 241	 359	 777
				 123	 246	 370	 804

			五	亞			
334	207	86	1	643	932	839	811
345	256	135	2	681		839	818
346	324	135	4	686		882	820
346	325	187	34	亞通惡　樂生而~死　643　《韜·一》 《韜》四見，《守》三見，凡七見。		882	837
346	329	207	81			931	837

六

660	332	81	931	807	795	627	347
661	537	211	932	807	795	769	347
820	648	246	937	807	795	778	348
837	656	270	947	809	800	780	433
901	659	276	953	812	804	785	514

						七	
917	187	624	839	九 39	597	921	禽 234
921	205	769	885	189	603	932	245
930	250	796	932	253	656	945	295
931	284	805	937	284	657	953	453
968	332	838	955	332	768		454

455　484　484　484　495

737　865

禽通擒　敗軍死將~卒也 970　《守·十》

《臏》六見，《尉》四見，《韜》一見，《守》二見，凡十三見。

萬

234　234　337　337　337

434　464　484　510　521

522　533　672　689　689

691　695　768　780　988

988

禹

253　350　632

甲

甲

10　234　234　238　242

242　242　271　403　470

772　772　840

亂

亂

530　559　559

乳

6

乳乃「亂」之異體

乳

207　261　273　340　852

853　911　914　914　965

乳乃「亂」之異體省

成　己　辤　辯

成

66　154　199　264　358

465　479　487　501　527

681　873　875

己

27　28　37　584　584

594

辤

97　476　550　563　566

628　630

辤爲「辭」之別體　~罪而不敢有祈求也　566　《晏·七》

《孫》二見，《尉》一見，《晏》五見，凡八見。

辯

805

辯 404

辯 410

辯通辨　～疑以旌輿 404 《臏·官一》

《臏》二見，凡二見。

子

9 133 135 190 191

196 200 207 209 212

217 219 228 234 235

238 240 240 240 240

243 243 244 245 245

246 247 258 258 260

260 262 263 266 267

349	325	301	295	284	278	273	268

364	327	304	300	289	280	274	268

372	336	312	300	292	283	276	269

378	339	322	301	293	283	276	272

389	343	324	301	295	283	278	272

孟							
253	749	596	591	556	534	532	403
351	788	604	592	562	541	532	444
352	829	624	592	579	541	532	448
		629	595	589	546	533	528
		742	595	590	552	533	528

359

孟通猛　取～將也　359　《臏·勢備》

《臏》一見，凡一見。

孽

879

存

1　131　253　556　583

596　852　932

疑

238　267　404　412　414

416　496　498　546　701

709

疏

414　703　883

辱	已				以		
87	76	208	298	600	1	51	110
248	102	208	331	693	1	59	131
	127	272	503	724	24	59	131
	175	287	529		48	80	140
	199	295	592		51	102	140

 155	 159	 244	 258	 267	 274	 281	 293
 156	 160	 246	 259	 273	 275	 282	 294
 158	 166	 247	 261	 273	 275	 282	 295
 158	 191	 250	 264	 274	 275	 283	 295
 159	 198	 257	 266	 274	 281	 283	 296

 403	 376	 358	 350	 340	 332	 298	 296
 403	 391	 359	 350	 340	 332	 298	 296
 403	 392	 362	 350	 340	 340	 315	 297
 403	 395	 372	 351	 341	 340	 321	 297
 404	 400	 372	 354	 350	 340	 332	 297

404

404

404

404

404

405

405

405

405

405

405

406

406

406

406

408

408

408

409

409

409

409

409

409

410

410

410

410

410

411

411

411

411

411

412

412

412

413

413

414

 533	 502	 450	 435	 421	 417	 416	 414
 557	 503	 456	 436	 422	 417	 416	 414
 558	 517	 456	 439	 423	 417	 416	 415
 558	 528	 471	 442	 429	 418	 416	 415
 558	 532	 495	 446	 430	 419	 417	 415

 708	 679	 629	 621	 610	 596	 575	 558
 717	 695	 629	 622	 612	 596	 575	 562
 727	 702	 635	 622	 617	 599	 575	 570
 733	 703	 640	 626	 619	 607	 582	 574
 744	 706	 678	 626	 620	 607	 593	 574

 923	 900	 859	 852	 819	 807	 795	 746
 931	 913	 859	 852	 819	 809	 800	 747
 931	 916	 863	 853	 819	 810	 801	 756
 935	 917	 896	 853	 833	 810	 805	 770
 937	 918	 898	 857	 842	 818	 806	 794

938　943　944　945　947

947　960　960　962　965

未

195　199　263　284　300

351　557　559　629　814

857　964　973　990

申

207　208　295　404　522

764

臾

628　629

臾通諛　而順諂～之欲　629　《晏·十六》

《晏》二見，凡二見。

酒

528

528

558

酓

566

936

酓乃「飲」之古體　齊其食～之量　936　《守·九》
《晏》一見，《守》一見，凡二見。該字據段玉裁《説文解字注》排此。

尊

376

523

852

853

918

919

文八十七

重一千零五

茖　蒸　荀　蔌

銀雀山漢簡文字編

附録

騈宇騫　編著

殘字類

卷一

茖

598

茖通路　景公令修～寑之臺　598　《晏·十三》

《晏》一見，凡一見。

蒸

905

荀

301

600

《説文》所無　蔌通茨　以茅～之　600　《晏·十三》

《晏》一見，凡一見。

藁　蘩　犧　逃　譔　諱

藁

514

《說文》所無　藁通豪　鼓其~傑俊雄　514　《尉·三》

《尉》一見，凡一見。

蘩

439

697

《說文》所無　蘩通繁　上勞刑~　697　《韜·六》

《臏》一見，《韜》一見，凡二見。

卷二

犧

561

逃

981

卷三

譔

869

諱

637

字頭	字形	出處	說明
謗		293	
卷四			
省		524	
翳		95	
		626	《說文》所無　⿰彥隹通顔　勇不足以犯君之~　626　《晏·十六》　《晏》一見，凡一見
鳴		605	
		685	《說文》所無　⿱非鳥乃「飛」之異體　卑~翕翼　685　《韜·五》　《韜》一見，凡一見。
惠		705	

舒

292

521

《說文》所無　⿰歹聿通肆　賈無不離其～宅　521　《尉·四》　《尉》一見，凡一見。

卷五

笄

350

笄通羿　～作弓弩　350　《臏·勢備》　《臏》一見，凡一見。

箕

742

猒

184

血

968

卷六

櫓

20

賜

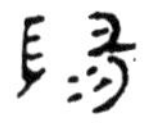

627

94

《説文》所無　天～必亟去之　94　《孫·行軍》　《孫》一見，凡一見。

卷七

昧

413

夗

715

夗通怨　……民～生　715　《韜·九》　《韜》一見，凡一見。

甬

478

甬通勇　～士　478　《尉·一》　《尉》一見，凡一見。

597

甬通踊　九～而出　597　《晏·十二》　《晏》一見，凡一見。

卷八

痛

542

904

《說文》所無　巿通幠　親死不得爲～　904　《守・七》

《守》一見，凡一見。

侵

340

959

偏

366

佁

634

僇

722

僇通戮　殺～無常　722　《韜・十》

《韜》一見，凡一見。

禠

898

禠通黼　～黻纂組　898　《守・七》

《守》一見，凡一見。

袧　衲　俞　府　厭　碩

袧

784
《說文》所無　袧通句　……衆少倨～而應之　784　《守・一》　《守》一見，凡一見。

衲

966
《說文》所無　非追北～邑　966　《守・一〇》　《守》一見，凡一見。

俞

469
俞通逾　絶苦～垠而無主　469　《尉・一》　《尉》二見，凡二見。

卷九

府
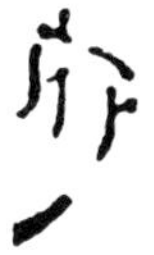
810

厭
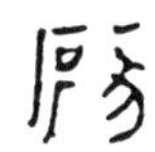
418

碩

542

卷十

驗	獻			粦	黨	慎	㥯
 145	 566	 99	 164	 588  589	 747	 648	 651
		《説文》所無　獿通擾　軍～者將不重也　99　《孫·行軍》　《孫》一見，凡一見。	《説文》所無　計吾力足以破其軍～其將　164　《孫·四變》　《孫》一見，凡一見。	粦通吝　～愛者　589　《晏·十一》　《晏》三見，凡三見。			㥯通隱　使之不～者　651　《韜·二》　《韜》二見，凡二見。

慶

527

卷十一

溺

502

洛

552

洛通路　景公登～寑之臺　552　《晏·五》　《晏》一見，凡一見。

澮

95

澮通蓄　小林翳～可伏匿者　95　《孫·行軍》　《孫》一見，凡一見。

漿

989

漿通將　利如幹～　989　《守·十》　《守》一見，凡一見。

州

938

淩

497

卷十二

閰

404

闕

81

開

133

閗

21

《說文》所無　閗疑即《說文》「鬭」之異體。　□距～有三月然　21　《孫·謀攻》

《孫》一見，凡一見。

操

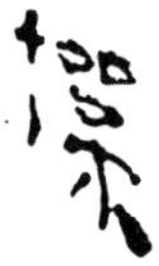

915

把

904

措

871

擅　摩　拼　戲　細　組

擅

62

摩

786

摩通麾　舉手指～　786

《守・一》

《守》一見，凡一見。

904

《説文》所無　拼通𣗥　中□之木把～以上　904

《守・七》

《守》一見，凡一見。

戲

191

191

卷十三

細

458

組

898

624

組通作　公～色太息　624

《晏・十六》

《晏》一見，凡一見。

鎉

繩

257

絭

70

絭通卷　是故～甲而趨利　70　《孫·軍争》

《孫》一見，凡一見。

繆

303

鼂

905

界

976

卷十四

鎉

442

《說文》所無　鎉疑即「鐃」之異體　……～所以教耳也　442　《臏·五教法》

《臏》一見，凡一見。

隔

798

孱

502

醪

946

文八十一

重四

合文類

大夫

240

241

242

276

484

521

五十

834

七十

806

834

合文三

重六

待識字

241

孫子曰：請取所 240 □□□□□□□□□□二大夫□以□□□臧□□都横卷四達環涂★横卷所□陳也。 241 …… 《臏·擒龐涓》

327

孫子曰：勝在盡□，明賞，撰（選）卒，乘敵 326 之★。是胃（謂）泰武之葆。孫子曰：不得主弗將也。327 …… 《臏·篡卒》

407

……□地□□用方，迎陵而陳（陣）用封，險□□□用圜，交易武退用兵，★□陳臨用方 407 …… 《臏·官一》

407

……□地□□用方，迎陵而陳（陣）用封，險□□□用圜，交易武退用兵，□★陳臨用方 407 …… 《臏·官一》

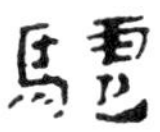

470

故臨生不爲死，臨死不爲生。得帶甲十萬，★車千乘，兵絶苦俞（逾）根（垠），不□ 470 …… 《尉·一》

517

【□□□□□】以得因請（情），則國士勝□，不宵（肖）自★。故今世千金不死，百金不胥靡。試聽臣之 517 …… 《尉·四》

606

君曰：「有梟夜鳴焉，吾惡之，故不上焉。」 605 騫爲君★之而梟已死矣。君謂騫曰：「汝能請鬼神殺梟而不能益寡人之壽乎？」騫答曰：「能」 606 《晏·十三》

968

……將與卒，非有父子之親、血★之樹（屬）、六親之私也，然而見適（敵）走之如歸，前唯（雖）有千仁（仞）之溪，折膭（脊）968　……《守·十》

注：　以上例句内「★」表示待識字。

文八

銀雀山漢簡文字編

筆畫索引

李聰慧　編

五畫

六畫

九畫

十畫

十二畫

十三畫

十四畫

十五畫

十六畫

十七畫

二十六畫

二十八畫

銀雀山漢簡文字編

四角號碼索引

趙東編

1750
1 羣 136
7 尹 100

1760
2 召 041
習 134
7 君 040

1762
0 司 304
2 醪 489

1771
7 己 462
已 467

1780
1 翼 359

1798
2 歎 299

1814
0 政 113
攻 116
致 193

1825
4 [illegible] 480

1722
2 矛 448
7 胥 148
乃 172
邪 234
務 434
甬 481

1723
2 聚 284
豤 321

1724
7 及 100

1732
0 刃 155
7 邪 235

1733
1 忌 343
恐 345
2 忍 345
恿 438

1740
7 子 463

1742
7 勇 438

1624
1 弭 408

1668
6 磒 483

1702
7 弓 406

1710
2 盈 178
4 丞 430
7 孟 465

1712
0 羽 134
7 弱 303

1713
2 琭 017

1714
0 取 102

1720
2 予 142

1721
1 [illegible] 134
5 翟 134

6 強 417

1326
0 殆 143

1412
7 功 433
勁 435

1413
1 聽 374

1462
1 碕 313

1464
7 破 313

1540
0 建 067

1610
4 聖 374

1611
3 醜 376
5 理 016

1613
2 環 016

1224
7 發 408

1233
3 [illegible] 345

1240
0 刑 181
1 廷 067
延 068

1241
0 孔 363

1249
3 孫 409

1280
1 冀 282

1290
0 剽 154
水 347

1314
0 武 401

1315
0 職 375

1323

7 彼 063

2426
0 偖 279

2428
1 徒 054

2429
0 休 204

2440
0 升 448

2460
1 告 037

2472
7 幼 141

2480
6 貨 229
贊 229

2490
0 紂 415

2491
1 繞 414
紩 416

2496
0 結 416
1 穡 249
結 414

2499
0 繚 414

2500
0 牛 036

2503
0 失 379

2510
0 生 222

2520
0 使 276
伸 277

2523
0 佚 278

2524
3 傳 276
4 僂 279

2540
7 肄 104

2590
0 朱 200
4 桀 194

2598
6 積 250
績 415

2599
6 練 414

2600
0 自 122
白 264

2602
7 牖 249

2610
4 皇 016

2621
0 但 279
3 鬼 307

2622
7 觸 157
帛 264

2624
0 俾 275

1 得 065

2631
5 鯉 358

2633
0 息 339

2640
0 卑 103
8 皋 337

2690
0 和 043
細 487

2710
2 血 480

2711
7 龜 420

2712
7 歸 048
酆 234

2713
6 蚤 419

2720
0 夕 247

7 多 248
伊 269

2721
2 危 313
狙 443
夗 481

2722
0 御 067
佝 278
勿 314
2 僇 482
7 脩 148
角 156
鄉 235
侈 277

2723
0 久 194
2 衆 282
象 321
漿 485
4 矦 188
侯 274
7 倶 280

2724
2 將 108
7 役 107

侵 482

2725
2 解 157

2726
1 詹 031

2728
1 俱 271

2730
3 冬 357

2731
2 鯢 358

2732
7 鳥 137

2733
1 怨 343
6 魚 358
7 急 342

2740
0 身 286
7 阜 452

2741
3 兔 325
毚 325
6 免 325

2742
7 芻 023

2744
0 舟 293
7 般 293

2748
7 疑 466

2752
7 物 037

2760
2 名 038
3 魯 123
4 各 045

2771
2 包 307
7 色 306

2780
6 負 231

2790
1 祭 011
禦 011

2791
0 組 487
7 紀 413
絶 413
繩 488

2792
2 繆 488
7 移 250
紇 408

2793
2 緣 415
3 終 414

2794
0 叔 102

2796
4 緍 416

2821
1 作 274

2822
7 傷 278
倫 271

2824
4 梟 204
0 徵 063
徹 064
微 064
敫 142
7 復 063

2826
8 俗 275

2828
1 從 280

2829
4 徐 064

2842
7 ⿱徹力 437

2846
8 谿 357

2854
0 牧 117

2855
3 犧 478
犠 478

2870
0 以 467

2871
0 亾 403

2874
0 收 116

2891
6 稅 251
7 縊 416

2894
0 繳 415

2895
1 ⿰糸鮮 416

2896
1 給 414

2928
6 償 275

2992
7 稍 251

2998
0 秋 251

3010
1 空 260
4 室 254

沮 348
2 泥 350
汜 351

3712
0 潤 353
7 溺 485

3713
6 漁 359
鋒 419

3714
7 沒 354
汲 355

3716
2 溜 349
4 洛 485

3718
2 次 298

3719
4 深 349

3722
0 祠 483
7 禍 011

3723
渴 354
湯 354

3614
1 澤 351

3619
3 濕 349

3621
0 祝 011
視 296

3624
7 禝 012

3625
6 襌 287

3630
2 遇 057
過 060
邊 062
3 還 058
9 遝 056

3710
9 鑿 442

3711
0 洫 352

3514
7 溝 352

3518
6 漬 354

3519
6 涑 347

3520
6 神 011

3521
8 禮 010

3530
0 連 059
7 遣 058
8 遺 059

3610
0 洄 354
洳 355

3611
7 溫 348

3612
7 渭 348
涓 351

3410
0 對 088

3411
2 池 352

3413
1 法 324

3414
7 淩 349
凌 485

3421
0 社 011

3422
7 衲 483

3430
2 適 062
逌 064
3 遠 060
4 達 058
6 造 056

3510
7 津 353

3513
0 決 353
6 遁 058

3260
0 割 154

3290
5 業 088

3300
0 心 339
4 必 034

3311
2 沇 348

3315
0 滅 356
3 淺 352

3316
0 治 349

3322
7 補 287

3390
4 梁 252

3400
0 斗 447

4397
7 棺 204

4400
0 卅 007

4410
0 封 426
4 基 425
墓 429
7 蓋 022

4411
2 地 422
7 埶 099

4412
7 蒲 020
9 莎 024

4413
2 [illegible] 429
6 [illegible] 419

4414
2 薄 022
7 鼓 177

4416
0 堵 425
6 藩 023

0 𢦏 401

4310
0 式 166

4313
2 求 290

4315
0 城 427

4323
2 狼 326

4343
4 猋 327

4345
0 [illegible] 401

4346
0 始 383

4373
2 裘 289

4380
5 越 046

4385
0 戴 092

4191
4 杠 201

4196
9 栝 202

4210
0 刲 154

4230
0 [illegible] 302

4291
4 棰 205

4293
4 楑 198

4294
1 梃 200

4295
3 機 202

4299
7 棅 203

4300
0 弋 390

4305

1 柰 197
3 索 221
4 杀 107
8 來 193

4091
4 橦 202
椎 202

4092
7 枋 198

4094
4 椄 203

4114
9 埻 429

4121
4 狂 326

4124
0 散 149
7 獿 484

4144
0 奸 385

4180
1 趄 047

嗇 193
4 奢 336

4062
1 奇 175

4063
7 畈 431

4064
1 壽 290

4071
0 七 459
七十（合文） 490
4 雄 135
6 奄 333

4073
1 去 179
2 喪 045

4080
1 走 046
[illegible] 206
6 賁 229

4090
0 木 197

4418
2 ⿱艹欽 026

4421
2 蕘 145
4 茬 022
獾 484

4422
0 芮 021
2 茅 020
7 莠 020
⿱艹昜 020
帶 263
薦 324
勸 435
萬 460

4423
2 蘻 026
蘻 026
7 蒹 021

4424
8 蔽 022

4428
7 蔌 477

4429
4 葆 024

4430
5 蓬 024

4433
1 蒠 025
燕 359
蒸 477

4439
4 蘇 020

4440
0 艾 021
1 芋 020
6 草 025
7 孝 290
孽 466
8 茭 023

4441
7 執 336

4443
0 莫 026

4445
6 韓 194

4446
0 姑 382

4450
2 摯 377
4 華 223
6 葦 024
革 094

4455
8 ⿱艹捸 377

4460
0 苗 022
者 124
1 苫 022
菩 025
昔 240
3 蓄 025
4 苦 020
若 023
7 蒼 022
茖 477
9 蕃 025

4462
1 苛 022
7 苟 477

4471
0 芒 021
1 老 290
2 也 390
7 ⿱艹世 021
世 077
8 甚 167

4472
7 劫 438

4477
0 廿 077
卌 077
甘 167

4480
1 共 092
其 160
楚 206
6 蕢 023
黃 433
9 焚 330

4490
0 樹 199
材 201
1 禁 011
3 蘩 478
4 葉 021
荼 024
菜 025
棐 204
藁 478

4491
2 枕 202
4 桂 198
5 權 198
7 机 205
8 𣗳 205

4492
0 莉 026

4494
7 柀 198

4498
6 橫 203

4499
0 林 205

4523
0 ⿰犭夫 327

4541
5 姓 381

4590
0 杖 202

5333
0 惑 343
感 344

5340
0 戒 089
戎 398

5401
1 撓 378
7 搕 381

5403
8 挾 377

5404
1 持 377
4 捧 377
7 技 379
軙 451

5406
1 措 486

5408
1 拱 376

5496
1 耤 156

5500
3 輜 448

5207
2 拙 380

5225
7 靜 180

5230
0 剸 302

5304
7 拔 379

5305
0 戟 398
帗 402

5310
0 或 401
7 盛 178

5315
0 蛾 418

5320
0 戚 330
威 382
戍 399
成 462

5101
1 輕 448

5103
2 振 378

5104
0 拼 487

5106
1 指 376

5178
6 頓 301

5194
3 耨 156

5201
5 捶 380

5202
1 折 024
斬 451
7 撟 378

5204
7 授 377

5206

5040
4 妻 382
婁 385

5050
8 奉 088

5060
0 由 411
7 𠮷 025

5073
2 表 286

5075
7 毒 020

5080
6 責 231
貴 232

5090
0 耒 156
末 200
未 474
2 朿 249
3 素 416
4 東 205
槖 223
秦 251

5001
6 擅 487

5003
0 央 192
夫 337
1 撫 380
2 夷 334

5010
6 畫 105
7 盡 176
蛊 419
蠱 419

5013
2 泰 355

5022
7 青 180

5023
0 本 199

5033
3 惠 479
6 忠 341
患 345

5034
3 專 110

0 井 180

5502
7 弗 389

5503
0 扶 377

5514
7 ⿰虫冓 418

5560
0 曲 406
6 曹 172

5580
6 賛 229
費 231

5599
2 棘 249

5601
0 規 338
担 380

5602
7 捐 380

5604
1 輯 449

5608
1 提 377
6 損 379

5609
4 操 486

5701
7 把 486

5702
7 邦 233

5704
7 投 378

5708
1 撰 381

5750
2 擊 380

5774
7 毄 106

5777
2 齧 070

5790
3 絜 415

5801
2 ⿰車差 451
6 挩 379
7 扢 381

5802
1 揄 378
輸 451
2 軫 449
7 輪 451

5815
3 蟻 418

5832
7 鷔 323

5844
0 數 113

6000
0 口 037

6001
4 唯 043

6010
0 目 121
曰 167
日 237
旦 240

3 壘 017
4 星 242
量 285
壘 428
里 429
7 置 263

6011
1 罪 262
4 雖 417

6012
7 蜀 418

6013
2 暴 240

6015
3 國 224

6021
0 兄 294
見 259
四 456
1 罷 262

6022
7 胃 146
囿 226
易 315
昜 321

8 界 486

6033
0 思 339
1 黑 330
2 愚 342

6039
6 黥 330

6040
0 田 430
1 睪 336
圛 336
4 晏 238
7 曼 100
図 227

6042
7 男 433

6043
0 因 226
4 吳 334

6050
0 甲 461
4 畢 141
6 圍 228

6060

6752
7 鄲 234

6802
2 畛 431

6805
7 晦 239

6832
7 黔 330

6884
0 敗 115

7010
4 壁 425

7024
1 辟 306

7110
6 暨 240

7121
2 厄 306
陘 454
4 陛 456

7122
7 隔 488

6640
4 嬰 385
7 矍 137

6650
6 單 045

6666
3 器 073

6682
7 賜 481

6702
0 明 246
7 鳴 479

6703
2 喙 038

6706
2 昭 238

6707
7 啗 038

6712
2 野 430

6722
0 嗣 071

6383
2 賕 232

6384
0 賦 232

6385
0 賊 398
3 賤 231

6404
1 時 237

6414
7 跂 071

6480
0 財 228

6501
7 吨 433

6509
0 味 038
昧 481

6621
5 瞿 137

6624
8 嚴 045

纍 415
4 果 200
困 228
6 景 239

6121
7 號 176

6128
6 顛 301

6201
3 咷 038

6240
0 別 146

6252
1 斲 447

6280
0 則 151

6299
3 縣 302

6323
4 猒 480

6355
0 戰 399

0 回 224
昌 239
呂 259
4 圖 224
固 227
暑 239
署 262

6062
0 罰 155

6071
2 圈 226
邑 232

6073
2 睘 121
圜 224
畏 307

6080
0 囚 227
咒 336
1 是 052
足 071
異 092
6 員 228

6090
3 累 414

7725
3 犀 037
4 降 454

7726
4 居 291

7727
2 屈 293
7 陷 454

7731
0 駔 324

7732
騶 324

7740
1 聞 375
7 學 117

7744
1 開 486
7 段 106

7748
2 闕 486

7750
8 擧 378

7755
0 毋 385

7760
1 譽 084
2 留 432
6 閭 486
7 問 042

7772
0 即 181
印 280
闢 486

7774
7 毆 324
民 387

7775
0 母 382

7777
2 闢 374

7780
1 具 092
與 093
興 094
輿 449
6 賢 229
闐 373
7 尺 292
臾 474

7790
4 桑 207
6 闌 374

7821
2 隘 456

7823
1 陰 452
6 隂 452

7826
6 膾 149

7828
6 險 453

7829
4 除 456

7838
6 驗 484

7876
6 臨 285

7880
9 燚 456

7922
7 勝 435

8000
0 八 030
入 186
人 265

8010
4 全 187
7 益 178
9 金 441

8011
5 錐 442

8012
7 翕 134

8020
7 今 185

8021
6 兑 294

8022
1 前 048
斧 443
俞 483
7 分 031
弟 194
禽 459

8023
7 兼 252

8030
7 令 304

8033
1 無 404
2 念 341
忿 343

8034
6 尊 475

8040
0 父 100

8043
0 美 136
矢 379

8044
0 矩 132
1 并 281
6 弇 089

8050

8834
1 等 159

8843
0 笑 160
8 筴 160

8844
1 筭 160
笄 480

8846
6 矰 188

8850
6 篳 160

8862
7 笱 073

8872
7 節 159
飭 438

8873
1 篡 308

8877
7 管 160

8879

8712
0 鈞 442
鈎 442
7 鎉 488

8716
4 鋸 442

8762
2 舒 480

8768
2 欲 298
欱 299

8771
0 飢 184
2 飽 183

8778
2 飲 299

8810
4 坐 426

8811
2 笵 159

8822
7 簡 159

8216
4 銛 442

8220
0 創 156

8280
0 劍 156

8315
0 鐵 441
鍼 441

8363
4 猷 326

8416
1 錯 441

8471
2 饒 183

8578
6 饋 183

8640
0 知 189

8660
0 智 132

7 每 019

8080
6 貧 232

8088
6 僉 185

8090
4 余 035

8091
7 氣 252

8141
8 短 188

8142
1 䂊 132

8160
4 𥏼 132

8174
0 餌 094

8214
1 鋌 441

8215
3 鐖 443

0 年 250
1 羊 136

8052
7 羛 403

8055
3 義 402

8060
1 合 184
首 302
酓 475
2 含 038
4 舍 185
5 善 086
6 會 186
8 谷 357

8062
7 命 041

8073
1 侌 358
2 兹 021
公 032
食 182
養 183

8075

4 餘 183

8880
1 箕 480

8884
0 斂 114

9000
0 小 029

9003
2 懷 341

9010
4 堂 425

9020
0 少 030

9022
7 尚 031
常 263
券 438

9025
9 粦 484

9033
1 黨 484

9050
0 半 036

9060
1 嘗 176
2 省 479
6 當 431

9080
0 火 328
6 賞 230

9071
2 卷 306

9090
3 豢 488

9101
6 恒 421

9188
6 煩 302

9206
4 恬 341

9220
0 削 150

9403
5 慔 345

9404
1 恃 342

9408
1 慎 484

9483
4 熯 330

9502
7 佛 342

9592
7 精 252

9689
4 燥 330

9691
5 糧 252

9722
7 鄰 233

9786
2 炤 330

9805
7 悔 344

9824
0 敝 264

9871
7 鼈 488

9890
4 檠 204

9908
9 惔 344

9942
7 勞 437

9960
6 營 259